世界最高の教室

成功する「準備」が整う

著
ダイアン・タヴァナー
訳
稲垣みどり

飛鳥新社

プロローグ

「卒業」はもっと意味をもつべきだから

サミット・プレパラトリー・チャーター・ハイスクールの第1回目の卒業式は、2007年6月の、気持ちよく晴れわたった日に行われた。いまでは15校を数えるサミットの、最初の1校の卒業式だ。場所はカリフォルニア州、レッドウッドシティー。サンフランシスコから車で南に30分ほどのところにある。

この卒業式は、ふつうのそれとは全然違うものだった。卒業生はアルファベット順に並んでいない。卒業生総代はいない。来賓《らいひん》のスピーチはなし。観客が拍手を続けるなか、子どもたちが次々とステージ上を急いで横切ることもなかった。過去4年間の学校生活と同様、独自にこだわった卒業式なのだ。

この学校に子どもを入れるという賭《か》けに出てくれたすべての家族に約束したことを、とうとう無事に果たすことができた。

サミットが他の学校と違うのは、「卒業生の100パーセントが4年制大学に入学でき

るだけの実力をつける」という点だ（アメリカの平均は約40パーセント）。そして98パーセント――志願者は全員――が、4年制大学の入学許可を手にしていた。

校長の私は80人の卒業生たちと一緒に、ホールから離れたところに集まっていた。ここから並んで会場に入ることにしていたのだ。ちょうど、結婚式でチャペルに花嫁が入場するのと同じ要領で。こうした手順一つひとつが事前に考え抜かれていた。

「メンター」がいる型破りの学校

卒業生たちは、自分の「**メンター・グループ**」と一緒に歩いていた。サミットでは、**生徒一人ひとりに必ずメンターがついている**（教師が兼任する）。メンターひとりが15人から20人の生徒を担当し、そのグループで学校生活のあいだ何度となく集まって過ごすのだ。

メンターは、自分がコーチングした生徒と特別な関係を築いている。担当する生徒が信頼して話をできる存在として、学校生活がうまくいくよう気を配り、毎日会い、生徒の家族と一緒に家でご飯を食べ、常に寄り添って応援する。ときには学びのゴールを設定する手助けを行ったり、家庭での問題を解決するサポートをしたり、ストレスの多い社会生活を送るうえでの指針を与えたりもしている。

卒業生には親や親戚も付き添っていた。この日、家族を補うような役割を果たしてきたメンターと家族が揃《そろ》って、未来に向けて子どもを送り出そうとしていた。

私は卒業生たちのネクタイをまっすぐにしたり、帽子の位置を直したり、ハグされたり、写真に収まったりしていた。「みんな、私のもとを離れていってしまう」――そう思っただけで胸が痛み、感情が溢《あふ》れ出しそうになったので、会場へと歩を進めることにした。

劇場型の趣《おもむき》あるホールが、定員いっぱいに埋まっている。全員が一斉に立ち上がり、通路を歩く私たちは拍手に包まれた。卒業生の両親の顔を見て、息子のレットがこうして私と一緒に歩く日が来たらどんな気分になるのだろう、と考えた。父親と一緒に最前列にいて、私に気づいてもらおうと必死に手を振っている5歳児だ。

真紅の幕が開いて全員がステージに並ぶ。客席から歓声が上がる――その瞬間、なんとか堪《こら》えていたものが崩壊し、涙が頬を伝ってきた。同時に、私の名前が呼ばれた。スピーチをしなければならないのだ。

幸い、みんな私のことはよくわかっている。

「タヴァナー先生は泣き虫なんだよ」

新入生が入ってくると、決まって生徒たちは説明していた。

「仕方ないんだ。ぼくたちのことが好きすぎて」

私は手短に話を終えた。今日の主役は私ではなく、子どもたちだから。全員が尊重されている、大切な存在だと知ってもらうこと。それはサミットのミッションのひとつでもある。

メンターが自分のグループの生徒たちについて語り、次に卒業生がステージに進み出ると、幼いときの写真、続いて卒業年度に撮った写真がプロジェクターで映し出された。生徒が事前に選んで録音しておいた、これまでの道のりを表現する格言も流れた。

私はこの子たちを知っている。その家族も知っている。考え方も、文章の書き方も、話し方も、どう行動するかも知っている。何が好きか、何を不安に思っているかも。それに、身についた習慣をやめる努力をしたことも知っている。夢も、人生に何を求めているかも知っている。

これまでにも何度となく卒業式には出ているが、キャリアの中で初めて、私は心の底から知っていた。

生徒たちが大学に進む準備ができていることを。

そして、大人になる準備ができていることを。

会場の外に出ると、客席の人たちが自然とトンネルをつくっていた。卒業生が出てくると、スター選手のような喝采《かっさい》を浴びた。そして生徒たちは長い長いトンネルの中を歩く。そこを通り抜けたとき——人生を生きていく準備は完璧に整っているのだ。

その様子を眺めながら、生徒たちがここまで辿《たど》り着いたことに感動した。そして同時に、私も彼らと一緒にここまで来られたのだと思うと感慨深かった――。

「生きる力をつける」とは具体的にどういうことか

本書では、いち教師だった私が、ゼロから立ち上げた学校「サミット」での取り組みを紹介する。

「もしまったく制約がなかったら、子どもたちにとって最高の学校とはどういうものか？」

そう考えて出た答えは、**「生徒全員が成功への準備を整えること」**だった。

全員が大学に向けての準備を整える。そして、全員が充実した人生を送り、自分が選んだ道で成功する準備を整える。

より具体的に突き詰めると、以下の問いに答える必要があった。

急激に変化している経済に対応するには、どういうスキルが必要なのか？
経済的に安定し、有意義な人生を送るにはどういう準備をすればいいのか？
高校の生徒が、自分が何者で人生に何を求めるか、どうすればわかるのか？
目的があると感じられる仕事をするとは、どういうことか？

これら一つひとつの課題を解決すべく、**科学的エビデンスを徹底的に集め、教育界はもちろん、ビジネス界のキーパーソンやベストセラー作家にも教えを請《こ》い**ながら、がむしゃらに前進した日々があった。そうするうちに確かなメソッドが確立されると、サミットは成果を上げ、全国で注目を浴びるまでになる。

『ニューズウィーク』、『USニューズ&ワールド・レポート』の国内高校・ランキングにも、何年間も続けて名前が挙がっていた。チャン・ザッカーバーグ・イニシアティブ（マーク・ザッカーバーグとプリシラ・チャン夫妻の財団）と、ビル&メリンダ・ゲイツ財団のサポートを得たことでも注目された。

「科学エビデンス＋ビジネス界の教え」を反映した最高の方法

この本に書いたことは、**私たちの旅の物語**だ。**世界中の専門家から学んだこと**や、さらに大切なことには、**その学びを日々の行動や選択にどう生かしているか**を紹介している。

また同時に、すべてを手に入れる方法を探し、見つける人たちの物語でもある。私自身の子ども時代、教育者として、そして息子が高校に通う親としての旅もつまびらかにした。

ここで共有する私たちの学びは、**あなたが教師なら学校やクラスの運営に活用でき、あなたが親なら子育てに生かせる**のではないかと思う。

本書を読むことで、**新しい時代における「真の成功につながる準備」**とはどういうものか、知識を深めてもらえれば本望だ。

もくじ

第2章

立派な志だけでは不十分だから

第3章

解決できる問題だから

第2部

どう準備をするのか

第6章 メンター制度で「振り返り力」を教える

第3部
生きる力をつけるツール

本書に出てくる話は、すべて実際にあったことだ。熱心な先生方と出会い、子どもたちからは感動をもらい、私は本当に恵まれている。ただしプライバシーを守るため、ほぼ全員について、名前と個人を特定できるような情報は変更していることをお断りしておく。

＊アメリカと日本では教育制度が違い、日本の「6・3・3」(小学校・中学校・高校それぞれの年数)に対し「5・3・4」ないし「6・2・4」(エレメンタリースクール・ミドルスクール・ハイスクール)が主流であるが、本書では便宜上ハイスクールは高校、ミドルスクールは中学校の訳で示すこととする(学校名の固有名詞は除く)。
＊本文中の()で示した番号は、巻末の参考文献を表す。

第1部

どうして準備をするのか

本書は3部構成になっている。

第1部は、教師だった私がなぜサミットをゼロから立ち上げようと思ったのか、どうやって立ち上げたのかの物語。第2部はサミットでの常識外れの取り組み。第3部では、「いい学校」が教えるべき人生で必要な生きる力について紹介する。

教育におけるハウツーだけを知りたい読者には、第1部は不要なのかもしれない。だが、私がサミットを立ち上げるまでの過程には、多くの教師や親が直面する問題が関係している。つまり、それは私だけの物語ではないはずだ。

読者自身のまわりの環境にも置き換えながら、「教育とは何のためにあるのか」――本書のテーマに沿って言い換えれば「子どもたちは、どうして準備をするのか」――というそもそもの原点について、一緒に考えていただければと思う。

第1章 昔ながらの「教育」はもう役に立たないから

1970年代後半のある日、小学校3年生の私は、先生に教室の外に出るよう言われた。若くて綺麗《きれい》な、人気のある教師だった。ブロンドのフェザーヘアーをべっ甲の髪留めでとめ、おしゃれなベルボトムのジーンズにかかとの高いウェッジソールの靴。蝶《ちょう》が好きで教室にたくさん飾っていて、女の子たちは先生みたいになりたいと憧《あこが》れていた。

記憶の中では、私を見下ろした先生は腕を組み、廊下にあるキャビネに寄りかかっていた。私はうなだれ、緊張して地面を見つめていた。

先生が穏やかにゆっくりと話しかけてくる。

「ダイアン、こうしてお話しているのは、あなたが今日集中していなかったからよ。**勉強に身が入っていないでしょう**」

そこで言葉を切った先生の視線が私を射抜くのを感じた。次に何を言われるのかと身構えた私に、先生は深く呼吸をして続けた。

「それに、身なりが清潔じゃないわね。態度を改めないと、明るい将来は見込めないわよ」

私にやる気を起こさせようとしていたのだと思うが、先生は知らなかった。その週の頭、家でまた喧嘩《けんか》があったことを。それも、いつもよりひどいものだった。母は怪我をして、警察に連れ去られた父は翌朝になっても戻らなかった。

私は怯《おび》えていた。父が戻ってきたらどうなるのか。不安で眠れず、頑張って起きているようにしていた。お風呂に入っていなかったのも、無防備な状態にはなりたくなかったからだ。

先生の言う通りだった。勉強には集中していなかった。怖くて身なりを気にする余裕もなかった。そしてそのことを恥ずかしく思った。

だがその日、私は何も言わなかった。先生に事情を話すことはできなかった。助けを求めることはできなかった。状況を変えるだけの言葉も力も、持ち合わせていなかった。だから教室に戻り、においを気にして他の子どもたちから離れて座り、頑張ってプリントに取り組んだ。

統計からすると、私はこの本を書いていることはないはずだ。**学校は、私のような子どもをサポートするような仕組みにはなっていないからだ**。本来なら、私が取得した学位や就《つ》いた職業には手が届かなかっただろうし、これまで一緒に仕事をしてきたような同僚にも恵まれることはなかっただろう。

私は運がよかったのだ。ここぞというときに擁護してくれる人が、人生の中で何人か現れた。自分では気づいていなかった何かを、私の中に見いだしてくれた人たちだ。よくない環境下で行ってきたよくない判断も、幸いにして修復可能だった。なんとか高校を卒業して大学に入り、心理学を専攻した。人生について、自分自身について、考えてみようと思ったのだ。

そして教養課程での評価につながればと、近所の小学校でボランティアを始めた。そこで初めて、**誰かが学ぶのを手伝う喜びを味わった**。その感覚は、忘れられないものだった。機会があるごとにボランティアに参加するようになり、夜遅くまで「私の教え子たち」のために準備をするようになった。自分の授業の課題は、後回しにして。

一瞬で打ち砕かれた「生徒を助けたい」という気持ち

私が教師を志したのは、**かつての自分のような子どもたちにの力になれると思ったからだ**。自分ならそういう子どもたちを、置かれている状況を、理解してあげられる。私が感じたような不安を感じさせないよう守ってあげられれば、と考えたのだ。さらに、必要な資格も取得して、そういう子どもたちをめぐる環境を変える手助けをしたい、非生産的なサイクルを断ち切りたいという思いもあった。

だが、教師になって初めの数年間で思い知らされたのは、自分の目指していた目標がいかに非現実的で難しいものかだった。一人ひとりの生徒を知ろうとしても、まったく無理なのだ。

高校での私のクラスには、50分ごとに大勢の生徒がやってくる。授業以外の時間でよく知ることができる生徒がひとりいたとしたら、そうでない生徒は10人いた。しかも生徒と話して問題を打ち明けてもらっても、助けてあげられないことが多かった。さらには、その子たちは必ずしも私に問題を解決してほしいわけではないとわかった。

その代わりに求めていたのは、自分自身でなんとかする能力だ。それは私にも思い当たることだった。

教師になってからの何年間かは挫折《ざせつ》の連続で、辛《つら》いとさえ思った。子どもたちをぎりぎりで卒業させている状態。「ぎりぎり」では、大学に進学するにも、仕事を確保するにも十分とはいえない。

卒業する気のない子たちもいた。そうした子どもたちを待ち受けているものを、私は知りすぎていた。高校を中退した子たちは、仕事を見つけるのが難しくなり、生活費を稼げず、貧しくなる傾向にある。生活保護を受けるようになる場合が多く、健康にも問題を抱えがちだ(1)。

私にはそれがわかっていて、それでいて有効な手段を思いつけないでいた。幻滅を感じた。

貧しい子、裕福な子、どちらにも必要な教育が行き届かない罠

しかも苦労していたのは、経済的に恵まれない生徒たちだけではなかった。

夏の読書運動に携わったときに、従来の教育モデルから外れている裕福な子たちに遭遇した。**学ぶこと自体には興味がなく、卒業したいだけ、という子**もいた。**卒業間近で家を出ようとしているが、それまで大人に依存しきっていたので自立には苦労するだろうと思われる子**もいた。

いたるところで、子どもたちに対して不安を覚えた。大人になる準備をして、力強く生きていけるようにする方法を見いだせないのは、いったいどうしてなのか。

いま、あらゆる場面で、教育する側の責任が問われている。

保護者は、**「子どもが規律を守れないこと」「おなかを空かせ、疲れ、落ち込み、携帯電話、あるいはもっと悪いものに依存している状態で子どもを学校に行かせていること」**の

責任を問われる。

学校は、**「教育の水準をもっと高くしないこと」「水準に満たない子どもがいること」「子どもたちの安全を確保できていないこと」**の責任を問われる。

政府は、**「教育にもっと予算を使わないこと」「貧困やコミュニティーの崩壊につながる社会の状況に対する責任」**を問われる……。

「中産階級になれるシステム」の完成と崩壊

言っておくが、私が本書を書いたのは、こうしたネガティブな意見に加担するためではない。それどころかアメリカが成し遂げたこと――誰もが貧困を抜け出し中産階級になれる教育システムの構築――は、驚異的だとさえ思っている。

アメリカの歴史の大半を通じ、ほとんどの国民は貧困の中にいた。経験からこれだけは、はっきりと言える。好き好んで貧しくなりたいと思っている人など、ひとりもいないと。貧しくて生活に余裕がないと、日々を生き抜くことが生活のすべてになってしまう。あるいは、自分が無理ならせめて子どもだけでも貧困から抜け出せるよう努力するのが精いっぱいだ。

だが20世紀初頭に、多くのアメリカ人にとって初めての、有用な提案がなされた。**「子**

どもを産業経済に向けて準備させる」こと、つまりは貧困から抜け出せる道が用意されるということだった。企業は技術を持った働き手を必要としていて、高卒でも仕事を得ることができ、中産階級への道が開けた。みんなが勝者になれた。

それ以前の教育といえば、町でいちばん知的な人が中心になって教室がひとつだけの校舎で子どもたちを教えるといった、いわば不揃いのものだった。それが画一的なやり方に変わったのだ。

規律をもって基礎を教え、工場での仕事に向けて準備をする方法だ。同じ科目は同じやり方で、同じ時間だけ教える。新たに導入された教科書も、知識を標準化するために使われた。工場からヒントを得て始業や終業のチャイムが採り入れられ、スケジュールが厳密に管理されるようになった。個人の持ちものはロッカーに入れ、1回だけ行われる試験で生徒たちはランク付けされた。そう、まるで流れ作業のようだったが、まさにそういう仕事に就くために学校を卒業する生徒がほとんどだったのだ。

こうした取り組みにより、犠牲になったものがあった。子どもたちの個性だ。とくに、優秀な子やできのよくない子がないがしろにされた。**学校は「大多数」の平均的な子どもたち向けに運営されていたからだ。**

家庭ごとの価値観は後回しにされた。親の役割は、子どもをさぼらず学校に行かせ、座って静かに授業を聞かせるようにすることだった。子どもたちは学校で自分らしさを発揮できないかもしれないが、その代わりに手にする中産階級への切符は、十分満足のいくものだった。その子が一家を養ってくれるものと期待されていたのだ。いつの日か、家を手に入れるという夢もかなうかもしれない。それは現実的で、価値あるものだった。

全員が高校を卒業できるわけではなかったが、それでも構わなかった。たとえ中産階級が無理でも、農場はまだ働き手を求めていた。高校の卒業証書や工場での仕事が手に入らなくても、別の立派な道があった。誰がどの仕事に就くべきかを分別するシステムが求められていたので、学校を通じて子どもたちを「能力別に分ける」のは、欠点ではなく利点だった。中には大学に進む優秀な子もいて、そうした子たちは最終的に、工場で働く人たちのマネージャーになった。

だが20世紀の後半になると、**価値観が変わってきた。**産業経済から、グローバル経済へのシフトが始まったのだ。そうなると高校の卒業証書があり、工場勤務ができるだけでは十分とはいえなくなってきた。情報やサービスが経済の基本になってきたからだ。

1950年代に求められたスキルと、2020年に求められるスキル

企業が求める人材像も変わってきた。70年前と見比べてみよう。

1950年に企業が求めていた技術は以下の通り。**1.速く、長い時間働く能力　2.細かいことや指示を記憶する能力　3.算術計算**(2)。

それに対し、フォーブス誌によると、2020年の従業員に必要な能力は以下のようになるという。**1.複雑な問題解決　2.クリティカル・シンキング（批判的思考）　3.クリエイティビティ（創造力）　4.人の管理　5.他人との連携　6.心の知能指数（EQ）**。さらに、**革新的な考えや独立性、進取の精神**も、現代の企業は求めているのだという(3)。

私たちの祖父母の世代に求められていたものとはまったく違う。

経済の変化による影響は、想像を絶するほど大きかったのだ。アメリカでは堅実とされてきた昔ながらの農業は消えていき、工業化されたハイテクな農業にとって代わられた。

国際競争も激化した。もはや高校は、絶対に卒業しなければならないものになった。しかも高校で身につけたスキルだけではいい仕事に就けなくなったため、大学入学に向けての熾烈《しれつ》な競争が始まった。いい大学に入ることが最優先事項になった。優秀な成績を収め、いい試験結果を出し、課外活動も積極的に行うのが「標準レベル」だ。みんなと同じことをして、さらに抜きん出ることが求められた。

経済が変わるにつれ、私たちも変わった。1949年から1969年のあいだに、世帯の平均所得は100パーセント近く増えた(4)。子どもたちは両親より豊かな生活を送れるようになったわけだ。

喜ばしいことに、私たちが描く夢も70年前とはまったく違う。

食べるもの、住むところ、着るもののことで頭がいっぱいの状態では、充実した人生を夢見るのは難しかった。基本的欲求が満たされるともっと多くを望むようになり、夢は大きくなっていく。工場で働き、家を持つだけでは、満足できなくなってくる。

意義ある仕事を求め、自分の好きなこと、大切だと思うことをしていたいと考える。もっと長生きをしたい、しかももっと健康で、活動的に長生きをしたい。好きな人たちと、より深い関係を築きたい。自分たちを理解し、受け入れてくれるコミュニティーの一員でいたい。

かといって、経済的な安定はトレードオフしたくない。**充実を求め、かつ豊かでいたい**のだ。どちらかを選ぶ必要はなく、両方手に入れることができるはずだ。

アメリカは、国民全員に生命、自由、幸福の追求の基本的権利があるという前提で建国された。その恩恵を受けていないと感じている人も多くいるなか、保護者と教育機関は協力し、子どもたちに望み通りの人生を追求する準備をさせようとしてきた。

だが、それはもはや無理な相談というもの。アメリカの学校のシステムは、**社会の変化**

にうまく対応できなかったのだ。

教師になって最初の10年間、私はその余波を感じた。いわゆる「いい学校」でも、トップの大学への入学が認められ、無傷のまま人生の次の段階に進む準備ができているのは運のいい子たちだけ。子どもたちや家族のための取り組みを行っていない学校にいたっては、絶望的だった。運まかせにするのは、賢明な戦略とはいえない。

もっといいやり方があるはずだ。

「いい人生」を送るための準備

そのために設立したのが「サミット」だ。

「いい人生」は、子どもたちが生きたいと考える世界にある。私たちは子どもたちがコミュニティーや社会に貢献するメンバーになれるよう、準備を整えさせたいと考えた。

そのためには、新しいバージョンの高校が必要だった——早い話が、**自分たちで学校をつくるところから始めなければならなかった**のである。

ユニークでありながら複製可能な学校で、専門学校ではなく公立学校にする、ということは決めていた。私たちは1校の学校を建てるにとどまらず、子どもたちを教育するにあたってどんなことができるのかを世間に広く示したいと考えたのだ。

目指したのは、生徒一人ひとりを個人としてまるごと受け入れ、子どもたちがコミュニティーの一員になる学校だ。大学に入学するために必要な知識だけではなく、「いい人生」を送るために必要なことを子どもたちに教えたかった。

もうひとつ大切なのは、**学校と保護者の連携**だった。学校が価値あるものとして重きを置いていることを、保護者に信頼してもらう必要があった。**最後までやり遂げない子どもは、ひとりもいてはならない**。誰ひとりとして取り残すことなく、全員に目を行き届かせる学校をつくることを、私たちは目標とした。

シリコンバレーという土地柄、手に入る専門知識も有効活用した。起業家のアイデアを参考にしたり、動機づけやマインドセットの研究をしている学者たちと協働した——いきなり連絡して、自分たちの方向性が間違っていないかを確認するといった方法で。

そうやって学んだことを、実際に子どもたちを教育する作業に落とし込んでいった。たとえば、**大学進学に役立ち、かつそれだけにとどまらない「習慣」**を、子どもが身につけるためのサポート方法を編み出した。言い換えると、**教育に対する見方を変えれば、大学への準備と、いい人生を送る準備の両方が同時にできるとわかったのだ**。それは啓示的であり、当たり前のことでもあった。どちらかを犠牲にすることはないのだ。

すばらしい発想だと思ったが、同業者たちは私のことをイカれていると見なした。学校のリーダーたちのカンファレンスや集まりに出席すると、私は「ザ・クレージー・レディー」と呼ばれた。

それもわかる。ふつうは生徒を大学に入れるのに、わざわざ目的意識を確認したりはしない。なぜなら、すでに実証済みのやり方――いい成績を収め、試験で高得点をとる――があったからだ。私たちがやろうとしているのは、それをなるべく大勢の子どもに適用することだと勘違いしている人も多かった。だがある時点から、みんなが私たちの取り組みに関心を持つようになった。サミットの成功が、無視しがたいものになってきたからだ。

私たちの高校は現在ふたつの州に11校あるが、すばらしい成果を上げている。4年制大学への応募条件を卒業生の100パーセントが満たし、98パーセントが入学を認められている。

卒業生たちは国内平均の2倍の確率で大学を卒業し、その確率はマイノリティーの学生ほど高い。みんなが注目したのは、この「大学卒業」という部分だった。それは経済的な安定へのチャンスにつながるからだ。

だが、私たちにとっていちばん大切なことは、「どうやって」生徒たちを成功に向けて準備させたか、という部分だ。それぞれに独自の、充実した人生を生きるすべを身につけさせる、というやり方だ。

「秘訣はなんですか？」と訊く人たちの勘違い

サミットが成功するにつれ、「秘訣はなんですか？」とよく質問されるようになった。社交の場で、学校や子育てについて話しかけられることも増えた。「自分の子どもを引き上げるヒントや方法があれば知りたい」という人が多かった。そうした人たちから私たちは、「大学進学ゲームの攻略法を見いだしたのでは」とか、「SAT（大学進学希望者の共通試験）の暗号を解読したのでは」と思われているようだった。私が特効薬をもっているかのように答えを期待されると、落ち着かない気分になった。

極め付きは、仲のいい女友達たちとのおしゃべりの場だった。**子どもたちが、何時間もかけて単調な作業の宿題をこなしているという話を聞いたのだ。**子どもたちはみなやる気がなく、しぶしぶ勉強に取り組んでいる。泣く子もいる。学校が好きになれない。優秀な子どもも、つまらないと言っている。しかも、まだ小学生なのに！

一方で、いい大学に進学するチャンスを掴《つか》むには、小さいうちからよく勉強しないといけない、ということもわかっている。

どうすればいいのか悩み、ママたちは限界を感じていた。学校や勉強が嫌いなまま、子ども時代を過ごさせたくはない。競争を勝ち抜かせるためとはいえ、自分が有意義だと思えないものを子どもに強制したくない――。

アドバイスを求められて、自分を抑えられずに私は思わず口走った。

「なんて言ったらいいのかわからないわ。だって、全部が間違っているもの。根本的に考え方を変えていかないと」

だが、ママたちは問題の大きさを把握《はあく》していなかったわけではない。むしろ冷静に分析していた。ママたちのうちのひとりジュリーが、子どもを想う母親特有の心配と不満の入り混じった声で言った。

「でもダイアン、どうすればいいの？　私には自分の子どものために学校をつくることはできないし、うちの子はあなたの学校にも入れない。できる限りいい地域を選んで家を買って、学校に対してものすごく時間を使っているけど、それでこの状況なの。どうすればいいのよ？」

私は愕然《がくぜん》とした。

彼女たちは状況が芳《かんば》しくないことを、私に肯定してもらいたがっているわけではない。それに対して何ができるか、それもいますぐに、自分の子どものためにできることを知りたがっているのだ。自分の無神経さが、恥ずかしかった。

それ以来、ジュリーの言ったことを、私は毎日考えている。

ジュリーと同じようなママは何人いるのだろう？

子どもの成功のためには、正しいとは思えないことをやらせるしかないと感じている保護者はどのくらいいるのか？

そしてこうした不安やストレス、心配を感じることで、保護者や子どもは何を犠牲にしているのか？

「発明」ではなく「まとめ」——だから、あなたにも使ってほしい

本書を書いているいま、息子のレットは16歳。サミットの最初の卒業式で想像した日が、着々と近づいてきている。卒業後に彼が進む世界に向けて、私が何をしてきたか、サミットがどう役立ったかを、最近よく考える。あるいはジュリーのように、我が子の通う学校が問題を抱えていると知っている友人たちのことを考える。彼らはどうすればいいのか？　私はジュリーの問いに、どう答えればいいのだろう？

いまの私に出せる精一杯の答えが、この本だ（第2部以降で方法論をお話するのでもう少しだけお待ちいただきたい）。

過去16年間の私たちの旅は、生きたいと思う人生に向けて、子どもたちが準備できる学校を追い求めるものだった。すべての子どもたちが最高の自分でいられ、望む成功を手に入れ、充実した人生を送れるように。経済的な安定、目的のある仕事、豊かな人間関係、意義あるコミュニティー、健康といったもので満たされた人生だ。

２０１５年、雑誌『ファスト・カンパニー』はサミット・パブリック・スクールをその年のもっとも革新的な教育会社として選んでくれた。私はこれを不思議に感じた。

ひとつには、私たちは会社ではなくＮＰＯで、公立学校のネットワークだ。

もうひとつ、私たちは何も発明していないという思いがあった。**私たちのしたことといえば、充実した健やかな人を育むのに必要な知識を集め、理路整然とした、再現可能なアプローチにまとめたことだった。**仮にサミットに秘訣があるとすれば、それだけだ。

第2章 立派な志だけでは不十分だから

多くの新任教師がそうであるように、私もうまくやっていく準備ができていなかった。

私が最初に着任したロサンゼルスのホーソーン・ハイスクールは、まるで刑務所だった。校舎のまわりには10フィートの鉄のフェンスが張り巡らされ、キャンパスの中を鉄道が走っている。暴力が日常化していて、物理的にも心理的にも安全には感じられなかった。

そんな環境のもと、薄汚れた古い校舎で、1クラス40人を割り当てられた。慢性的に人員不足だったので、1日中休みなく教え続けた。学校に就任した初日にはコピー用紙に鉛筆1箱、1インチの厚さの3穴ファイルをわたされた。中身は配布用のプリントでパンパンに膨らんでいたが、説明も指示もない。たったそれだけだった。

この学校につとめた5年間で私はすっかり幻滅し、教育現場に希望はないのだろうか、とまで考えるようになった。

子どもたちも、うまくやっていく準備ができていなかった。

低所得層のコミュニティーで暮らしていて、身近に健康で経済的に安定している大人が見当たらない環境。学校にいる4000人のうち、大学に進みキャリアを築く将来を描ける子はあまりいなかった。あえて大学に進むリスクをとらない生徒がほとんどで、進学したとしても卒業する子はわずか。

それでも、保護者や子どもたちは毎日努力していた。せめて高校だけでも卒業して、仕事を手に入れられるようにと。

私がその学校を選んだのは、生徒たちがかつての私とよく似ていたからだ。

自分が通っていたサウス・タホエ・ハイスクールという高校は、ホーソーン・スクールほど大きくはなかった。生徒は1000人。場所も都会ではなく、小さな山間の町にあった。共通点などないように思うかもしれないが、生徒が抱える問題は似ていた。

景観はよかったものの、1年の大部分は雪に覆われて寒い。そうした厳しい気候のもと、産業は観光に頼り切っていたため、住民の大半は低所得だった。ふだんは自分たちをとくに貧しいとは感じないものの、お金持ちのスキー客がやってくると、自分たちとの違いは明らかだった。

学校の中も設備が整っているとは言えず、生徒の心は荒れていた。喧嘩や弱いものいじめはしょっちゅう。私は学校ではほとんどトイレを使わなかった。いつも混んでいて煙が立ち込めていて、危険な感じがしたからだ。ロッカーが唯一自分の安全地帯と思えたが、それでさえ壊されることがあった。私が3年生のときには、覆面捜査官が麻薬組織を摘発した。上級クラスはあったものの、1学年にひとつだけで人数は限られていた。

ホーソーンに教師としてつとめていたとき、そんなサウス・タホエ・ハイスクールのことをよく思い出したものだ。

アメリカも日本も同じ——新任教師は毎日が「戦場」

高校生だった当時もおかしいと感じてはいたものの、じっくりと考えるまではしていなかった。とにかく無事に卒業して町を出て、もっといい人生を送りたい、という一心だったからだ。

でも、教師として、昔の自分のような子どもたちがそこから抜け出す力になりたいと思った。だからこそ、**厳しい環境、問題の多い学校**にあえて勤務しようと思ったのだ。

私は子どもたちやクラス、同僚のために、できる限りのことをした。平日は夜明けには起きる。**日中は一生懸命教え、放課後はアクティビティの監督をし、夜は授業の準備や採点に時間を費やす。週末にはワークショップや講座に参加して勉強し、さらには教師のた**

めの指導まで始めた。

金曜日の放課後、長い大変な1週間を終えた教師たちは近所のメキシコ料理店に集まるのが習慣だった。ときには地元の他の高校の先生たちも加わった。いつも同じような話題になり、みんなまるで戦場で働いているかのような口ぶりになる。実際、**「前線」「戦い」「接近戦」**といった言葉が飛び交うのだ。私自身、そうした気分でいたことを否定できないし、気づいたら学校の経営陣に対して「敵」という表現を使っていて、我にかえって恥じたこともある。

何かが間違っている。

高校は、生徒たちが大人になる準備をするところだ。はたして「戦場」でそんなことができるのだろうか？　そして子どもたちのことを気にかけているはずの教師が、日々その子たちが辛い思いをしていることに対しては、どうしてこんなに鈍感でいられるのか？

いちばん気になったのは、子どもたちへの期待値がどんどん下がっていくように感じられたことだ。

「子どもたち全員に大学進学の道を」と言っていたのが、「無事に高校を卒業して仕事を見つけられるように」となり、さらには「せめてシンプルな3段落のエッセイを、読んだり書いたりできるようになれば」から、しまいには「なんとか生き延びてくれますように」となっていった……。

華やかな学校でも、問題は同じだった

教師になって5年目に私は結婚した。夫のスコットが出身地の北カリフォルニアに戻りたいというので、私はホーソーンで学年度を終えてから移り住むことになった。

教師を続けるかどうか迷った時期だったが、サンフランシスコのベイエリアにあるマウンテン・ビュー・ハイスクールで英語教師の仕事に就いた。生徒数が1600人の、経済的にも民族的にも人種的にも多様性のある郊外のキャンパスでは、ホーソーンで体験したような問題はあまりないだろうと期待していた。

私が何より望んでいたのは、成果を上げる教師になることだった。それもひとりやふたりではなく、自分が教えるすべての子どもたちの。せめてそれが実現できる可能性のある環境を、私は求めていた。

実際、そこは以前の学校とはまったく違う場所だった。キャンパスは開かれていて、生徒たちはランチタイムに自由に校外に出たり、休み時間には芝生の上でのんびりしたりしている。学校生活は、学園ドラマに描かれるようなもので彩られていた——ティーンエイジャー特有の不安や、大人数のマーチングバンド、スポーツや多くのクラブ活動など

だ。アメリカの「典型的」な高校生活を描いた映画『ブレックファスト・クラブ』『ハイスクール・ミュージカル』『プリティー・イン・ピンク』などは、この学校をモデルにしているといってもおかしくないくらいだった。

マウンテン・ビューでの仕事はポジティブなものが多かった。休憩時間に喧嘩の仲裁をすることはなく、トイレは清潔で故障することもない。1クラス20名から30名を教え、コピールームにはカラー用紙もあり、とても贅沢《ぜいたく》な気分になった。ホーソーンとは違って安全だったので、1日を無事に終えようとするだけで感じるストレスもなかった。

にもかかわらず、子どもたちに与えられた機会という面では、前任校と共通するところが多かった。

たとえば、上級クラスに入れる人数が少ないこと。テストの成績や学力に対する評価がかなり高くても、オナーズ・クラス（上級クラス）やAPクラス（アドバンスト・プレースメント・クラス。高校生に大学の初級レベルのカリキュラムを提供する）に入れる生徒はかなり限定されていた。

学校紹介のパンフレットには、卒業生の90パーセント以上が大学に進学すると掲載されているのに、調べてみるとこの数字は卒業を控えた生徒たちが今後の計画を自己申告しているものだった。実際には4年制大学の申し込みに必要なコースを修了している生徒は、たったの40パーセントという始末。

不自由なく見える環境でも、子どもたちのほとんどは大学に進む準備ができていない。高校に入学したときには、全員が大学への進学を希望していたにもかかわらず。

状況を変えられないなら、立場を変える

教師として、私には状況を変えるだけの力はない。だが変えなければならないということ自体は明白だった。どうすればいいのだろう？

学校を経営している人たちには、その力があるように思えた。そこで私もそういう人になろうと決意した。スタンフォード大学大学院教育学部に登録し、同時にマウンテン・ビューで教頭の仕事のインターンも受けた。できるだけいい校長になれるよう、動き始めたのだ。

学んだことはすべて、現場で活かそうとした。だが理想のシステムや学校、クラスを実際につくろうと思ったら、本で読んだり想像したりするよりはるかに大変だった。まわりの人が私のことを教師だとは見なくなったので、なおさらだ。

ある朝、職員室に入っていくと、教師のリーダー数人が近づいてきた。私のデスクをここに置いてほしくないという。いまでも一部のクラスを受け持っているとはいえ、経営陣

に加わったのだから、教師たちの会話が聞こえない場所に移ってほしいというのだ。私は愕然とした。彼らのために、と思って仕事をしているのに、私自身が問題だと思われているとは。しかも私のやろうとしていることにも、あまり関心を持っていないようだった。

複雑な環境を抱きつつ、1年間のインターンシップを経て私は教頭になった。

運命の日

翌年の秋の早朝、私はいつもと同じように車で学校に向かっていた。だいたい朝6時ごろに学校に行くのを日課にしていた。まだ静かで暗いうちにキャンパスに着くのが好きだったのだ。その時間帯には仕事が捗《はかど》り、準備の整った状態で1日を迎えられた。

だが、その日はそうはいかなかった。

朝のあいだじゅう、ニューヨークのツインタワーが倒壊する様子をラジオで聞いていたからだ。2001年、9月11日、火曜日だった。

その晩、スコットと私はソファーで丸くなり、私たちの安全という幻想が崩れていくのを眺めた。他の人たちと同じように、この悲劇を受け止めようとしていた。

これは、私たち家族にとってどういう意味を持つのだろう。というのは、まさにこの日、家庭用検査キットで私は妊娠を確認したのだから……。

最初の、そしてかけがえのないわが子を誕生させようというのに、世界はこれまでと変わってしまった。喜ばしい思いでいるはずだったその日、家の子犬を抱きしめながら私は考えた。守ることができないと知りながら自分の子どもを抱きしめるのはどんな気分だろう、と。

アメリカは戦争に突入し、時間はどんどん過ぎていった。私はイブニングニュースを消し、朝目が覚めたら世の中はどんなふうになっているのだろう、と思いながら眠りについた。

出産のために「正しい判断」って何？

それでもだんだんに出産に向けて気を取り直すと、今度は**「巣づくりの本能はでてきた？」とよく訊かれた。だが実を言うと、なんのことかさっぱりわからなかった。**もしかしたら母鳥のように子どものためになにをすればいいのかがわかる、魔法のような瞬間がやってくるのかもしれない。子どものために準備をしなければならないのはわかっていたが、どこから手をつければいいのかわからなかった。未来がどんなふうになっていくのか、想像もできなくなっていたからだ。

妊娠期間は10カ月しかなく、時間は飛ぶように過ぎていく。ひとまず、子どもが生まれた直後をどう過ごすかに集中すべきかもしれない。あるいは、そこは飛ばして子どもが混乱する思春期のことを考えるべきだろうか。どちらを向いても、さまざまな、互いに矛盾する考えに行き当たった。

いまの私の判断の一つひとつが——食事に何を食べるかに至るまで——すべて子どもに影響するらしかったが、何が「正しい判断」なのかははっきりしなかった。

たとえばある日、やはり妊娠している友人たちと夕食に行ったときには、メニューにあった魚料理が安全かどうかで意見がわかれた。私は黙って話を聞きながら、他の妊婦たちがしていることの大半を知らないことに気づかされた。まだ子どもを産んでもいないのに、どうしてすでに悪いママになってしまったのだろうか。

そこで、もっと努力しようと決心した。仕事はかつてないほど多忙を極めていたが、週末も休む間もなく夫と共に家庭での課題に取り組んだ。巣作り、といっていいだろう。少なくとも子どもの人生にとって大事な「何か」については知識をもつよう心がけよう、と思った。そして当然のことながら、それには「教育」を選んだ。

私たちは「いい学校」のある地域に家を買うために、かなり頑張った。まわりの人に話を聞いたり、詳しく調べたりするうちに、驚きの事実もわかってきた。

「毎日車で横を通るプレスクールに子どもを入れるには、申し込みの前日から野営をして

席の確保を目指さないといけないらしい」とか。**「小学校で子どもが確実にいい先生に教われるようにするためには、すぐに資金調達委員会でボランティアを始めて校長先生に影響力を持つようにすべき」**とか。**「評判のいい音楽クラスに入るにも、コツがあるらしい」**とか――こうしたことが秘密クラブ風に伝えられるのは、多くの希望者に対し、席が限られているからだ。

ある日スコットと夕飯を食べながら、私は突然泣き出した。

「どうかしてると思うの。親ならみんなが、自分の子どもには成功してほしいと考える。私は、自分の生徒たち全員に成功してほしい。子どもがつまずくことで、いいことなんかひとつもないでしょう？ **どうして勝ち組と負け組みたいにならなきゃいけないの」**

20マイル離れたポルトラ・バレーで、クリスというパパ――のちにサミットの共同設立者となる人物だ――も、まったく同じことを考えていた。

第3章 解決できる問題だから

クリス・ブージャは近所の高校の状況について、しょっちゅう考えているというわけではなかった。ときは1990年代の終わりで、彼には他にも考えることがたくさんあったからだ。妻と一緒にワシントンDCからシリコンバレーに引っ越してきて、夫婦揃ってテクノロジー企業で働いていた（クリスはシスコ・システムズのエンジニア、妻のほうはオラクルにつとめていた）。夫婦には息子がいて、ちょうど幼稚園に入る前だった。

クリスは、子どもの乳母の息子、スウェインとよく話すようになっていた。ティーンエイジャーのスウェインはものを書くのが好きで、見せてくれた文章を見ると確かに上手だった。高校を卒業したら、大学に行きたいという。

だが、その手続きを助けようとクリスが調べてみると、カリフォルニア州立大学への申請に必要な授業をスウェインが受講していないことがわかった。そのことを話すと、スウェインは首をかしげた。

「それはおかしいな。友だちのほとんどは高校を卒業しないけど、ぼくは卒業します。それなのに、大学に行けないということ？」

「ちょっと待て」クリスは言った。

「友だちはほとんど卒業しないって、どういうことだ？」

これまでも他の親たちから「子どもを通わせるのにいい高校がない」といった不満は聞いたことがあったが、自分の子どもが幼いこともあり、差し迫った問題という感覚はまだなかった。**だが、真面目に一生懸命勉強しているスウェインのような子が、州立大学への申請に必要な授業を履修していないことに気づいてさえいないというのは、どういうことなのか。**それに友だちについても話の通りだとすると、クリスが想像していたよりもひどい状況のようだ。

この気づきをきっかけにクリスが「高校問題について話し合うミーティング」を開催すると（中学校のニュースレターに広告を出した）、たちまち関心をもつ保護者が集まり、やがて「コミュニティー・ハイスクール・ファウンデーション」というグループが結成されるに至った。その究極の目標は、地域に理想の高校をオープンすることだ。

ファウンデーションは、学校の設計や経営について何も知らなかったので、まずは知識をもっている人を探すところから始めた。そしてスタンフォード大学大学院教育学部にアドバイスを求めた。

ここで、私とクリスの運命が交差する。かつて私が教わっていた教授が、ファウンデーションと私との接点をつくってくれたのだった。

スタンフォード流究極の質問――「もし制約がなかったら？」

「あらゆる可能性を考えるところから物事を始める機会」というのは、そうあるものではない。**教育者として、保護者として、人として、私たちは「すでにあるもの」の範囲内にとどまっていることが多い。**だが、これまで教わったなかで最高の教師、大学院のラリー・キューバン先生から、こう問いかけることを学んだ。

「もし制約がなかったら？」

まず授業自体がそう題されていた。さらに私の考え方をガラリと変えたのが、一見シンプルな質問に対する答えをレポートに書く課題だった。

その質問とは次のものだ。

「いい学校とは？」

何年ものあいだ、働いてきた学校ではっきり問題だと思ったことを私は指摘し、正そうとしてきた。**だが、そこで立ち止まって「いい状態だったらこの学校はどんなふうだろう?」と考えてみたことは一度もなかった。**修正するのではなく、まっさらな紙に新しい学校を描けるのだ。またとない機会に心は浮き立ったが、そこに伴う責任も大変なものだった。

ファウンデーションと共有したビジョンは、このとき書いた**「いい学校」レポート**をもとにしていた。それは、私自身の経験をもとにしてスタンフォードで学んだ科学や研究も採り入れたものだった。ファウンデーションの保護者たちと私は、それぞれに経験してきたことこそ違うものの、求めているものは同じだったのだ。

それなのに、「ファウンデーションが立ち上げる学校を率いてくれないか」というオファーを受けたときは、高揚感と同時に不安が溢れ出てきた。何よりもやりたい仕事だったが、気にかかっていることがあったからだ。私が妊娠していたことだ。彼らの期待は大きいというのに、私ときたら、母親になるのがどのようなことかもまだわからない。

自宅のそばのスターバックスで、ファウンデーションの代表者3人と会い、妊娠していることを告《つ》げた。そして、仕事の話はなかったことにしてくれても構わない、とも。

そのときの彼らの表情は、いまだに忘れられない。怪訝《けげん》そうな顔でお互いを見合わせている——苛立《いらだ》っているのか、驚いているのか、どちらだろう？　と思っていると、クリスが言った。

「なおさらいいよ。親になるわけだからね。おめでとう。歓迎するよ！」

私の人生は転機を迎えつつあった。

同時に「ふたりの子ども」の母になる

2002年5月に、私は最初の子ども、レットを出産した。そして7月1日に、私にとって「2番目の子ども」とも言えるサミットを始動させた。建物を探し、プログラムとカリキュラムをつくり、教職員を雇い、生徒を募集し、スタートアップ費用を確保する――**それを全部やるのに、たった1年しかない！**

保護者に新しい学校を案内する際には、多くのことを約束した。サミットの卒業生は、全員が4年制大学に受け入れられるようにする。一人ひとりがきちんと理解されるよう、4年間ずっと相談にのるメンターがつく。生徒全員が「学力」と、「実社会で生きていくためのスキル」の両方を身につけられることを約束した。

サミットの公式な連絡先は私の携帯電話番号だけだったので、保護者からの質問や、会って話を聞きたいという問い合わせには、すべて私が対応した。話を聞いていると、関心を寄せてくれている人のほとんどが、いま通っている学校では子どもがうまくいっていないという。

「うちの子は個性的なんです」

「集団行動が苦手な子には、どう手を差し伸べてくれますか？」

たとえば、ライアンの両親は**「大規模な学校では息子が埋もれてしまうのではないか」**と心配していた。ライアンはモンテッソーリ教育（子どもたちに自発的に学ばせることなどを特徴とする教育法）の学校に通う、賢く繊細な、好奇心の強い優秀な子どもだ。**「生徒数が多くて工場のように感じられる高校に通わせることは想像できない」「生き生きとした生身の人間として、見てほしい」**という。

私は、サミットにライアンの席を用意することを約束した。自分たちの学校では、アカデミックな刺激を与えつつ、子どもをひとりの人として尊重するつもりだった。

発達障害の子たちのためのプラン

マヤの母親は、まったく別の心配をしていた。マヤは小柄な女の子で、もともと大きい目が厚いメガネをかけているせいで、ますます大きく見える。名門の小学校では勉強に苦労し、失読症という診断が下された。母親は失読症専門の私立学校に彼女を転校させていた。

「マヤは頭がよくて面白い子なのですが、まわりの人はどう接したらいいのかわからないようで……。成功できる、と信じている人もいなさそうなんです」

母親の言葉に、マヤもその通りだ、という表情を見せた。とてもオープンな家族で、母親の言うことは、すべてマヤも承知しているのだ。

「そちらの学校に、マヤの場所はありますか？」

「ええ。もちろんです」

私は、**子どもたち一人ひとりに合わせた「個別学習プラン」を用意することを説明した。**マヤが求めているものや必要なものを検討し、それをきちんと得られるようにする、と。

「適切なクラスで授業を受けさせるために闘わなければならない、ということはありません」私は保証した。

「入学してから卒業するまで、ずっとサポートします」

すばらしい娘だというのはわかっているが、母親はこれまで大変な思いもしてきた。できるだけいい教育を受けさせようと名門校に通わせたことで、経済的な支出も大きかった。私は言った。

「心配はいりません。必ずマヤが大学に行けるようにしますから」

この言葉を、母親のほうはやや懐疑的に受け止めていたようだが、私は軽々しく発したわけではなかった。

発達障害の子もいた。ジェニファーは社会的な適応に難があり、知覚にも問題がある様子だった。どこに行くのにも、車輪のついたバックパックをガラガラと引きずっていき、興奮するとハンドルを伸ばしたり引っ込めたりする。これまでどの教師もすぐに検査を受けさせるよう勧めたが、母親は頑として聞き入れなかった。そしていよいよ勉強についていけなくなり、人間関係も立ちいかなくなるたびに、母親はジェニファーを転校させてきたという。

「大丈夫です」私は言った。

「ジェニファーが大学に進めるように、それにもっと大切なことですが、社会的に安全でいられるようにします」

楽しい高校生活を犠牲にするほどの特進コースなんて、いらない

ミゲルの母親は3つの仕事に追われて、自由になる時間はあまりなかった。それでも、公立学校が息子にとって十分ではないことだけはわかっていた。彼女自身は教育をきちん

と受けていない。父親は教育にはノータッチ。そしてミゲル自身は無口だった。通っていた中学は荒れていて、ミゲルもヘビーなドラッグ・ユーザーだったそうだ。私は母親の目を見て、彼を大学に進学させることを約束した。

そして、白血病のエリックがいた。病気の診断を受けたことで、両親がエリックの高校生活に期待することは大きく変化した。両親はレベルの高い教育を受けていたものの、エリックには大規模な高校で勉強漬けのコースに進んでほしくないと考えた。

私はエリックの両親に、「そういう特進コースなど選ぶ必要はない」と説明した。**毎日6時間から8時間の宿題をしなくても、レベルの高い教育は受けられる。将来の成功のために、いまの彼の幸せを犠牲にする必要などない、と。**

最終的に、80人が私たちの学校の最初の生徒となった。

これまで勤めた学校とは違い、子どもたちのことも保護者たちのこともみんな、授業が始まる前から知っていた。子どもたちとは数え切れないくらい何度も話をして、希望も夢も、心配も恐れも聞いていたのである。みんなふつうのティーンエイジャーたちで、それぞれに趣味やニーズ、強みがあり、困難を抱えてもいた。

私は保護者の目を見て言った。

「信頼してください。みんなが大学に進み、善良で幸せな人になるための準備をします」

そして私は、彼らがそうなれると信じていた。

美しいビジョンを思い描いたら、必ず実現させなさい

だが、開校に向けた準備段階に、波乱は起きた。

ある夜、ファウンデーションのキンバリーから電話がかかってきた。何日間か考え続けていた「深い懸念」について話したいという。

「受け入れた生徒たちの多くは、大学に進学するようなタイプの子どもたちじゃない。にもかかわらず、全員に大学進学させるために、具体的にどういう計画を立てているの？」

私たちは夜遅くまで話し、その後も何日も、何週間も、時間をかけて話し合ったが、無駄だった。キンバリーは、私たちのビジョンを心の底から信じてはいなかったのだ（キンバリーはスタンフォード大学ビジネススクール出身で、自身の子育て観としても「息子たちも一流大学に進学させたい」というのがあった）。

彼女はこう考えていた——大学に行くには一定レベルの能力を兼ね備えていなければならず、8年生（中学2年生）の時点でそれが身についていなければ、それは高校で成功するだけの能力、あるいは勤労意欲が身についていないことを意味する。だから、計画を成功させたければ、大学進学向きの子どもたちだけを受け入れるべきだ——。

学級開きの前日の夜10時に、キンバリーは私と理事たちに宛ててメールを送ってきた。「サミットの失敗は目に見えている」と。

私は怒りを感じた。それと同時に、一層決意を固くした。

「できないなんて、誰にも言わせない。できることを証明してみせる」

その後キンバリーは辞職したが、理事たちは味方でいてくれた。

その後の理事会では、あるメンバーがこう言った。

「ダイアン、きみはこれまでにない学校コミュニティーのビジョンを持っている。いまあるものより、ずっといいビジョンだ。**美しい車のように完璧で、みんなが乗りたがる。**だが現実には、私たちの学校はスタートアップしたばかりで、まだ美しい車にはほど遠い。ガタガタの馬車で、旅をするのに安全には見えない。**描いている絵がどんなに綺麗でも、自分の子どもをガタガタの馬車に乗せるリスクはおかしたくないという人がほとんどだ。だから美しい車を、できるだけ早く完成させなければ**」

自分の子どもを大切にサポートするのと同じように、子どもたち全員を大切にサポートする学校をつくる機会は、まさに私が追い求めていたものだ。

だが、まだできてはいない。本当の仕事が始まったのだ。

第2部

どう準備をするのか

なんてすごいの、これって奇跡！　最初にＧＰＳを使ったとき、そう思ったものだ。行き先を告げると、道路のあらゆる情報を加味して、最適なルートを見つける手助けをしてくれる。かといってルートを強制されるわけではなく、自分に選択権がある。何通りもの道順を示し、状況が変化すれば調整される。私が情報を提供し、他の人たちに貢献もできる。お互いに助け合い、それぞれがメリットを得られるのだ。

この第２部で語るのは、サミットで子どもたちが大人へ、そして充実した人生へと準備するための「ルート」についてだ。私たちの学校の、中核となる柱である。それぞれに単独でも意味があるが、互いに強化し合うようにもなっている。

実世界では、自分がどこを目指すかを決める「自己主導性」が必要だ。それを完成するには「振り返り力」が重要になり、メンターがその養い方を指導する。

こうしたことは協力によって成り立ち、組み合わせて使うことで、実世界を生きるための最新のＧＰＳになる。

第4章

まず、「勉強は先生から教わるもの」という前提を変える

オフィスから出て、私は転びそうになった。廊下にオレンジ色のコーンが並んでいたのだ。さらに生徒とぶつかりそうになったので、慌《あわ》ててよけた。その生徒はライラというサミットの高校1年生で、細身で、髪はひっつめてポニーテイルにまとめ、目はまっすぐ前を見ている。コーンのあいだを縫《ぬ》うように進みながら、スピーチのようなものを暗唱していた。

「たとえば」彼女は言う。「多くの人は、自分の食べているものに何が入っているか知っていると考えていますが、実際にわかっている人はほとんどいません」

廊下の角から英語の先生、アダム・カーターが呼びかけた。

「ライラ、タヴァナー先生は現実社会における障害物の一種だよ。気をつけて。でも集中力はそのままで」

障害物ですって？　アダムは一体何をやっているのだろう。彼はハンドマイクで大きな

警告音を鳴らし、ドアを閉めて道を封鎖しては、生徒たちの進路を変えている。

「これって、なんなの？」

私を障害物呼ばわりしたことをきっちり咎《とが》めてから、アダムに訊いてみた。

「ごめん、ダイアン。いま話す時間がないんだ。でも、子どもたちに訊いてみてよ。喜んで説明してくれるから」

アダムは茶目っ気のある笑顔を浮かべ、拍子抜けするような南部のゆったり口調でそう言うと、その場を立ち去った。

社会ではいつも邪魔が入る。だから慣れておく

子どもたちを見ると、どの子も夢中になっているようで邪魔《じゃま》をするのは忍びない。だが、アダムは意図的にああ言ったのだ。話しかけて支障があるのなら、私にそうするようにとは言わないだろう。

「ねえ、ジェイムズ」私は背の高い、勉強熱心な生徒に呼びかけた。

「邪魔《じゃま》して申し訳ないけれど、いま何に取り組んでいるのか、訊いてもいい？」

「大丈夫ですよ、タヴァナー先生。**邪魔が入ったり障害物があったりしても、集中し続ける練習をしているんです**。だから先生と話すのは、ぼくたちにとっていいことです」

「なるほどね。で、何に集中しているの？」

ジェームズによると、彼らは**「意見を言うこと」**に取り組んでいた。それはアダムが歴史の教師、ケリー・ガルシアと計画したもので、複数の効果をねらったプロジェクトだった。

まず、子どもたちは世の中を変えるために自分がしたいことを考える。変えたほうがいいもの、もっとよくできるものはなんだろう？　次に自分が選んだトピックについてしっかり調べ、その分野の専門家になる。最後に、他の人たちをも変えられるように、説得力のあるスピーチを考えて発表するのだ。

「それで、何を選んだの？」私は訊いた。

「農場助成金を廃止すべきだと、みんなを説得しようとしています」

「へえ！　どうしてそれに？」

驚きを隠しきれずに、声を上げてしまった。シリコンバレーに住む高校1年生が、どうして農場助成金に関心をもったのだろう？　そもそも、どうしてその存在を知っているのだろう？

「そうですね。まずは税制を変えたい、と思いました。両親がいつも税金のことで不満を漏らしているし。待てよ、じゃあ実際に払っている税金でぼくらはどういう恩恵を受けているのかなって気になったんです。

調べてみると、助成金を受け取れるおかげで、農場の人が食べ物を育てなくなるっていうことがわかりました。つまり、多額の税金が、食べ物を育てなくさせるために支払われているようなものなんです。そのことが頭から離れなくなって、きちんと理解していながら制度を支持する人がいるのは、信じられないと思いました。そのお金をもっと大切なことに使えます。土地だって食べ物を育てるのに使えます。だから、これはぼくがなんとかしなければならない、と決めたんです」

「でも、どうやってお友達にもそのことを気にしてもらうの？」私にはハードルが高いように思えた。「気にしてくれたとして、行動するよう説得するにはどうする？」

ジェームズはよくわからないという顔をした（ティーンエイジャーと日常的に接していればお馴染みの、あのかすかにこちらを見下すような気配を漂わせて）。

「タヴァナー先生」彼は言った。

「**若いからって、ぼくたちがものごとを気にしていないわけじゃありません**。とくに自分たちのお金が関わっていることなら、ものすごく気になるんですよ。みんなにはお金の流れを追う必要性を教えてあげるつもりです。そこを理解すれば、みんなも自然と気になるはずです」

ジェームズにはスピーチの続きに取り組ませてあげることにし、私はオレンジ色のコーンをよけながら、その場を離れた。

「嫌がってるけど、仕方ない」

1時間後、別の学校の生徒と話したとき、このジェームズとの会話が思い出された。

今度は、私は地元にある高校の教室のうしろに座っていた。翌年サミットで採用する候補に挙がっている歴史教師の授業を見学していたのだ。

教師はまず出欠確認と宿題の回収をしたあと、第二次世界大戦の原因についての短い講義をし、子どもたちはノートをとっていた。

ほとんどの子どもは静かで落ち着いていて、勉強しているように見える。だが、私が座っているうしろの席からは、**落書きをしている子たちや、メモを回している子たちがいるのがわかった。眠そうにしている子や、ずっと顔を伏せたままの子もいる。**

私は、目の前に座っていた子どもに話しかけてみることにした。授業のあいだ、ずっと戦闘シーンの絵を描いていたからだ。

「私、別の学校の校長なんだけど、少し質問していい？」と私はその生徒の肩を叩いた。

彼は教師をちらっと見たが、すぐに肩をすくめて言った。「はい」

「今日は何を勉強しているの？」

「おばさん、大丈夫？」という目でこちらを見てから、彼は答える。「えっと、歴史です」

「あ、ごめんなさい。もちろん歴史よね。それはそうなんだけど、とくに何を学んでいるのかな？　それと、どうして学んでいるの？」

彼はぽかんとこちらを見て、言った。

「卒業にはこのクラスを修了しないといけないから。大学に進学したいと思ったら必要なんで」

第二次世界大戦について学ぶのがどうして大切なのかは聞けそうになかったので、私は別の質問をした。「このクラスのことはどう思う？」

少し打ち解けてきた感じで、彼は答えた。

「まあまあですよ。ふつうです。ロジャー先生は、かなりいいです。気にかけてくれていますし、ときどき面白い話をしてくれます。あと、話し合いをすることもあるんですけど、あれも楽しいかな」

「あとひとつだけ。学校のことはどう思う？」

彼は背もたれに寄りかかって、すこし間をとった。どこまで正直に言うか、考えているようだ。

「まあ、退屈ですけど、学校ってそういうものですから。みんな嫌がってるけど、仕方ないとも思っています」

「勉強は教わるもの」を根本から変えるプロジェクト・ベースの学び

私はサミットまで車で戻りつつ、ふたつの会話の違いを考えていた。ふたりの生徒には共通点も多かった。それをいえば、教師たちの経験も似たようなものだった。

では、何が違ったのだろう？　それは、**「学びに対するアプローチ」**だった。

採用の際に私がいちばん重視するのは、次のポイントである。

「この教師は、別のやり方もできると考えられるだろうか？　これまでの経験や自分が受けたトレーニングから離れて、別のアプローチを取得できるだろうか？」

ほとんどの高校では、昔ながらの学びのアプローチをとっている。子どもたちは教科に関する情報を「産業革命」や「植物環」といった「単位」で学ぶ。単位は講義で成り立っていて、生徒はノートをとり、教科書を読み、質問に答え、あるいは数学の問題を解く。ときに、ビデオクリップやプレゼンテーションが挟まれ、さらにメモがとられ、そのあとに教師主導の話し合いや質問に対する確認が行われる。そして最終的には、選択問題や、短い回答を書くテストがある。エッセイが課されることもあるだろう。それまでには小テストや宿題があり、生徒には暗記カードをつくって勉強することが求められる。**どこかで聞いたことがある気がするのは、これが私たちのほとんどが学んできたやり方だからだ。**

優秀な教師は授業を楽しくする工夫をしていて、少人数のグループ作業も採り入れている。科学の教師であれば実験をし、英語や歴史の教師であればレポートを書かせる。まとめのプロジェクトを課題にする場合もあるが、ほとんどの場合、そうしたものは「デザート」であり、メインコースではない。頻度も年に数回にとどまることが多い。

だが、人生で成功するのに必要なスキルを子どもたちが身につけることをゴールにしているサミットでは、日々の学び（そう、毎日欠かさず学ぶ）も、実世界に焦点をあわせたものとなっている。

「実際に身の回りにあるもの」から歴史や科学を学ぶ効果

ゴールを達成するのにもっとも成果を上げるのは、**よくできたプロジェクト**だ。私たちは日々の学びをプロジェクトで設計している。

プロジェクトは**生徒本人、コミュニティー、人生にとって重要な問題、質問、あるいは困難**から始まる。そして**その生徒が問題に直接働きかけるタスクを行う**のだ。途中、生徒は**フィードバック**を受け、**実行可能な方法を教わりながら前に進む**ことができる。そして、**質問に答え、あるいは困難に対処する**ことで終わる。

産業革命や生命環について子どもたちが学ばないというわけではない。実際に学んでいる。だが**自分の暮らしに関連する、問題解決の余地を残すプロジェクトを通じてそれを学ぶ**のだ。

たとえば産業革命であれば、それは「製品の物語」を通じて学ぶプロジェクトになる。子どもたちはある製品について、発明されてから現在どう使われているかまでを調べる。その製品の辿ってきた道を深く理解することで、産業革命のことをより広く知ることができる。

科学のプロジェクトの例では、「電気ハウス」がある。技師が科学的な知識をどのように活かして予測を立て、正確な設計をして、技術的な目標を達成するのかを学ぶのだ。技師として、生徒は建物の物理的なモデルと電気システムを設計し、作動させる。

「編集者様へ」のプロジェクトでは、ライターや報道機関がどのように論理（あるいは論理的誤謬《ごびゅう》）を使って読者に訴えるのか、実際に生徒がその役割を体験して考える。

こうしたプロジェクトは授業の合間に押し込まれたものではなく、**生徒たちの日常**だ。講義は深い議論やクリティカル・シンキングにとって変わられ、教師と生徒は一緒に学ぶ。期限の前夜に一夜漬けするものでもないし、あちこちから文章や写真をコピーペーストするだけでもない。**最終的に仕上がるのは質の高いプレゼンテーション、モデル、シミュレーション、ウェブサイト、キャンペーン、建築計画やビジネスだ**。それらをつくれることは、実社会でそのまま役立つスキルでもある。

プロジェクトは、デザートではない。メインコースなのだ。

簡単な「学習キット」なんて存在しない

これでいいのだろうか、と私がかねがね疑問に思っていた商品に、カリフォルニア・ミッション・プロジェクト・キットというものがある。

カリフォルニア州では、すべての生徒がミッション（カトリック伝道所）について学ぶことになっている。そこに目をつけたある企業が、学習の条件を満たすキットを生産したのだ。**お店に行ってキットを買い、手順通りに組み立てるだけ**——イケアの家具を組み立てるみたいに。ほんとうの学びはない。キットを買うことのできる保護者がいて、手順通りにできるように手伝ってあげ、さらに多くの場合、代わりにつくってあげる。

カリフォルニアの歴史を学ぶのは大切だが、この「プロジェクト」は有益とは言い難く、学校のプロジェクトとはこういうもの、という間違った認識を広めたことも問題ではないかと思う。実世界の学びのプロジェクトは、まったく違うものだからだ。**良質なプロジェクトは、どんな年齢層のグループに向けても開発でき、学年が上がるにつれて高度になっていくはずだ。**

「卒業後の生き方を考える」に自然につながる授業

サミットでは、高等部の最終学年で**「シムシティ」**というプロジェクトに取り組む。これは科学の教師たちが編み出したもので、ティーンエイジャーたちの関心を引くべく有名なゲームのタイトルをそのまま拝借している。

まずはいくつかの質問がスタートとなる。

「もっと持続可能な都市を計画するには？」

「自然資源や汚染、廃棄物処理に関し、人々、企業、政府はどのような判断をすべきか？」

「こうした判断に、費用対効果の分析はどのような影響を与えるか？」

生徒たちには、ふたつの選択肢がある。**「持続可能性を意識して都市の再開発の計画を立てる役」**か**「何もないところから都市を計画するコンテストにチャレンジする役」**のどちらかを選ぶのだ。

そのあとまる2カ月間、生徒たちはチームで作業をする。計画には農業、エネルギー、産業、住居の問題を盛り込むことになっている。そして**判断したことは、調査やエビデンスで正当化できなければならない。**個人的な信念、環境への影響、経済的・社会的コスト、住民の考えやニーズのバランスを考えることも必要だ。

何かを選択すれば、何かが犠牲になる。そうしたトレードオフをどう考える？　どういう不満の声が上がりそうか？　それを受けて、どう計画の妥当性を説明するのか？

最近、生徒たちがシムシティのプロジェクトに取り組んでいるところに、見学者のグループを案内した。最終プレゼンテーションが1週間後に迫っていて、生徒たちは地元の都市計画担当者、デザイン会社の役員それぞれ数名の前で発表をすることになっていた。

見学者たちにプロジェクトの説明をすると、ある人がいぶかしげに私を見て言った。

「私は大学生のときでさえ、こんなに難しい課題には取り組んだことがありません。高校の最終学年の全員が、これを行っているということですか？」

確かに、シムシティのプロジェクトは簡単ではない。プロジェクトの説明を読むたびに、自分だったらどのくらいできるだろうか、と考えてしまう。そのうえでいうと、**これまでに何度となくプロジェクトが実行されるのを見てきて、生徒たちがどれほどの力を発**

揮するかも知っていた。

彼らは**この種のクリティカル・シンキングを4年間、毎日訓練してきている。**徐々に、でも確実に成長して、複雑なプロジェクトにまで取り組めるようになったのだ。

本人たちにとっても大事なプロジェクトだった。**卒業を控え、そろそろどこでどのように生きていきたいかを考える時期**にきている。

都会か、田舎か、郊外か？　選択によって何が変わってくるのだろうか？　移動手段、環境、文化的には？　シムシティのプロジェクトは、**もともと生徒たちが自然と考えていることをさらに深く掘り下げるもの**だった。

私は教室のドアを開けて言った。

「さあ、どうぞ。どんな様子か見てみましょう」

自分の強みを知り、仲間と補完し合うスキル

各グループが、都市のモデルを用意していた。建築事務所のウィンドウに飾られているような模型をつくったグループもある。コンピューター上で作成されたものもある。どのビルも道路も建造物も、植物までも目的を持っている。私が一つひとつ質問をしてまわると、子どもたちからは考え抜かれた返事が返ってきた。

「ルーフガーデンで、数百ガロンの水を生み出します。汚染もしません」とアンドレア。

「え、ちょっと待って」見学者のひとりが言った。

「どういう仕組みになっているの？　あと汚染をしないというのは、どういうこと？」

「エコシステムになっているんですよ。生物も無生物も、すべてシステムの一部として使われます。互いを通じて循環しているんです」

アンドレアのグループでさらに話を聞いていると、**環境に関する質問には彼女が答え、人口統計学については別の生徒が、数学的な質問にはまた別の生徒が答えている**のに気づいた。それについてもどうしてなのか、私は質問した。

「学ぶことが多かったので、」アンドレアは言った。「それぞれに専門分野を決めたんです。それからみんなの知識を持ち寄って、判断をしました」

「誰がどの専門になるかは、どうやって決めたの？」私は質問を重ねる。

チームメイトのひとりマイケルが、**それぞれに自分の強みと興味に合致する分野を選んだ**のだと、説明してくれた。自分がもっと強化すべきだと感じている分野を彼らは積極的にオープンにして、ペアを組むのも意識的に行っていた。

「ぼくは数学モデリングが得意です」マイケルは言った。

「それでカルロスと組んでいます。カルロスにとっては、それが伸ばしたい分野なんです。でも彼は遺伝子組みかえの食べ物に関してはとても詳しくて、2年生のときのパッション・プロジェクトのテーマもそれでした」

「パッション（情熱）・プロジェクト」とは、サミットで2年生が取り組むことになっているものだ。生徒は自分で選んだ分野を、深く掘り下げて研究する。

「だから……」マイケルは続けた。「カルロスは食糧資源と農業を主導しました」

「よい判断をするためには、お互いに学び合わなくてなりませんでした」アンドレアが言った。

「だから自分の専門分野については徹底して学びました。そうでないと、他のメンバーに教えられませんでしたから」

「そうだ」マイケルが急に言った。

「みなさん、来週のプレゼンの準備を手伝っていただけませんか？　**質問や反論をしてもらえると助かります**。都市計画の担当者たちの反対意見を想定して準備しておかないといけないので」

優秀なのは、偶然じゃない

最終的に見学者たちを教室の外に案内したときに、最初の反応は想像がついた。いつも同じだからだ。そして予想通り、外に出て教室のドアが閉まらないうちに、見学者のひとりが言った。

「いまのはとくに優秀な子たちなんですよね？　びっくりしました」

私は同学年の生徒全員が、プロジェクトに取り組んでいることを説明した。サミットに入ったときにどんな技術や習慣をもっていたかにかかわらず、**全員だ**。優秀なのは、偶然ではない。年数をかけて子どもたちが一生懸命学び、教師たちが慎重に計画し、連携してきた成果だ。

サミットで起こることは、スポーツ映画のモンタージュのようだと思っている。初めは、チームは何らかの理由で勝てない。だが、情熱と目標は持っている。どこかの時点で何かが変わり、選手たちが努力する様子が映し出される。数分だが、実際は何カ月も経っている設定だ。コート際《ぎわ》に立って選手を励まし続けるコーチよろしく、教師たちは「生徒が楽しめてかつ困難な体験」をさせて、大イベントに備える。映画のクライマックスで選手たちが力を出し切るように、生徒たちも卒業前には、その後の人生に必要な技術や習慣を収得する。

あの教室で行われたことは**4年間にわたる実世界での「鍛錬」**で、子どもたちはコーチから常にフィードバックを受けながら、自分の限界に挑んできた。その年月は映画のように絵になるわけではなく、ひたすら長く感じられ、整然としていなかったかもしれない。だが結果、最終学年には、人生というメインイベントのための準備が整っているのだ。

「より興味をもち、より深く理解できる」100年前からのメソッド

実はこうした**問題解決型学習**（PBL＝Project Based Learning）を実施したのはサミットが初めてというわけではない。アメリカでは20世紀初頭から実施されてきたものだ。

PBLを言葉で説明すると、**「子どもたちが長い時間をかけて興味深い複雑な問いや問題、困難に取り組むことで、知識や技術を身につける指導法」**になる。

1918年に『プロジェクト・メソッド』という本が刊行され、1920年代にはイリノイ州の教育長が、郵便局の機能を学ばせるために、1年生に学校で郵便局をつくらせて実践した例もある(1)。

ただ、大多数の学校ではPBLをまったく採り入れていない。採用している数少ない学校でも、パフェの上のチェリーのような「あるといいもの」という扱いだ。子どもたちが毎日、取り組んでいる類のものではない。だがこの学習法の効果を考えると、どうしてもっと採り入れられないのか疑問だ。

研究によると、**子どもたちはプロジェクトを通じて学ぶと、より深く理解し、長く記憶にとどめる**という(2)。

また、プロジェクトを使ったアプローチはテストの点数を落とすものでもない。APのような重要なテストにおいて、**PBLで学んだ生徒たちは、従来の学習法で学んだ生徒たちと同じか、あるいは上まわる結果を出している**(3)。

別の調査では、**PBL学習者たちは問題解決や学んだことを実世界の状況に適応するのに優れている**こともわかっている(4)。クリティカル・シンキングに関連するスキルで、高い得点を獲得しているのだ。

さらに、これがいちばん重要かもしれないが、**生徒たちはより「興味を持つ」**(5)。ティーンエイジャーの子どもが勉強するよう動機づけようとしたことのある教師や保護者なら、やる気を起こさせるのがどんなに大変かご存じだろう。

PBLクラスは出席率も高く、生徒たちは積極的に参加する。苦戦している子どももプロジェクトには意欲的に参加し、**もともと順調な生徒だけではなく、すべての子どもにとって有望な学習法**であることがわかっている(6)。

教師も、PBLによって意欲的になり、仕事に対する満足度が上がったと報告している(7)。楽しく仕事をしている教師の指導を受けるほうが子どもたちにとってよいのは、調査をするまでもなく明らかだ。

大人になるための準備をするということはつまり、社会に出たときによりよい判断ができるよう準備をするということで、これはPBLの強みでもある。

シカゴ大学の研究グループが、小学5年生を対象に研究を行った。子どもたちの一部は直接的な指導で教材を学んだ（教師主導のクラス活動および各自の自主活動）。別のグループは、まったく同じ教材を使ってプロジェクトに取り組んだ。

単元を終えたとき、子どもたちは学んだこととはまったく関連のない複雑な問題を与えられた。「他の子どもの不正直さについて教師に伝える」というものだ。エッセイを書き、「自分はどうするのか」「なぜそうするのか」をそれに盛り込むことになっていた。

研究者たちはエッセイの次の点に注目した。

1　このジレンマを複数の観点から考えているか
2　理由と道徳的原則をいくつ挙げているか
3　それぞれの選択肢につき、どれだけ明確に検討しているか

判断力を見る目安となるこれらすべての観点において、PBL学習者たちははるかによい結果を出した。**「ジレンマを複数の観点から見て、より包括的な理由づけをし、判断をした理由をより頻繁に検討していた」**というわけだ(8)。

「スキル」を意識できなかった私のプロジェクト失敗例

サミット以前の職場でも、高校教師として私自身いくつかプロジェクトを指導してきて、子どもたちがどれだけその恩恵を受けるかを目の当たりにした。

たとえば、「好きな歴史上の人物を選んでもらい、その人のことをよく調べて、仮にアメリカに旅行するならトランクに何を積めてくるか考えて発表する」という課題。

私の事前予想は、「トランクの中身を絵に描く子は何人かいるかもしれない。でも、どちらかというと調べること、それを文章にまとめることが中心になるかな」だった。

だが、実際には子どもたちは、自分の選んだ歴史上の人物に対し、私の想像以上に興味をもった。私が驚くような事実や物語が出てきた(かつてニューヨークにやって来た移民たちがエリス島で受けさせられた医療および精神疾患テストの種類をご存じだろうか?)。

話し合いは活発に行われ、小説や歴史、自分たちの生活にもつながりを見いだしたようだった。祖父母に電話をして、以前にはあまり注意を払っていなかった話をあらためてしてもらった、という子どもたちもいた。また、当時人気のあった映画のシーンの時代考証に疑問をもった子どもたちもいた。

私はこのプロジェクトが好きだったし、子どもたちの好奇心に火がついたのもわかった。ただ同時に、**なんとなく的を外しているの**も自覚していた（いまではどこがズレていたかはっきりとわかる）。

「このプロジェクトで、私は子どもたちのどんなスキルをどう伸ばしたのだろうか？」

「大学レベルの分析を行うのに役立っただろうか？」

正直いって、当時はそうしたことをまったく把握していなかった。

トランクのプロジェクトは派手で楽しいものだったかもしれないが、中身が伴っていなかったと思う。何年ものあいだ続けながらも、スキルを積み上げてはいなかった。1回1回、そのとき限りで終わっていた。つまりお楽しみのデザートだ。

教師として意義あるプロジェクトをつくるだけの時間もサポートもなかった。問題解決型の学習の可能性は見えていたが、自分ひとりではそれを十分に活かし切ることができずにいた。

「教科書」「成績責任」「ノスタルジア」という3つの障害物

一方サミットでは、**問題解決型学習のカリキュラムをチームでつくり上げることができた。**

そもそも学校がPBLを採用しない理由は実に単純で、複雑で難しいからだ。教科を横断して何かを企画するのは大変だし、プロジェクトは学術的に正確かつ州の基準を満たす学びを達成できるものでなくてはならない。

最初、私たちは既製のプロジェクトの中から実績があるものを採用できないか探したが、見つけたものはわずかだったうえとても高額だった。PBLカリキュラムを販売している組織は2社あったが、利用するには年間数千ドル単位の費用がかかった。うち1社は私たち向けに開発をしてくれるものの、1プロジェクトにつき約1万ドルかかり、しかもこちらで所有することも共有することもできないという。

結局、私たちは自分たちでほぼゼロから開発することにした。

この大変な作業には教師たちを直接巻き込んだ。作業は数回の夏に及び、私たちは問題解決型カリキュラムを拡大・発展させ、継続的に進化させていった。チームとして、教師たちは自分の専門分野や持ちネタからすぐれたプロジェクトを持ち寄り、子どもたちにとって重要なスキルや習慣が身につけられるようにしていった。以前の学校では体験できなかった、**集合的な知力だ**（このプロセスは非常に時間がかかったので、企業が開発しているものがなぜそこまで高額なのかが理解できた。質のよいプロジェクトを入手できないことが、PBLが広く採用されるのを妨げているのは明らかだ）。

学校で主に使っているのは教科書だが、それは問題解決型ではない。私たちの文化においては、**「基準」**や**「説明責任」**が常に求められる。教科書をつくる会社が商品を買ってもらうには、教科書や教材に学年ごとの水準やテスト項目が含まれてなければならない、といったように。

仮に私が教科書を発行する立場であれば、できるだけわかりやすくするだろう。議案が法律になる過程を覚える必要がある？　オーケー。それなら、40ページから42ページを参照して、テストに出る可能性が高い図を暗記するように。

このほうが、議会のシミュレーション・プロジェクトをつくるより簡単だ。だがサミットが選んだのは複雑なほう——**議会のシミュレーション**だ。生徒それぞれに実際の議員の役割を担ってもらう。問題を選んで調査し、議案としてまとめる過程で、国会議員として倫理的でありながら成果も上げるよう考えてもらった。

教科書的なアプローチはシンプルで標準的かもしれないが、子どもたちに深く考えること、学びの内容を自分と関連づけること、問題を解決することを求めない。**「議案がどうやって法律になるのか」を暗記しても、「関連づけのない情報」として、テストが終わったら子どもたちの記憶から消えてしまう**可能性が高いだろう。

一方で、違う方法を試すことは不確実性を伴う。PBLにとっては、標準テストが高い障壁となる。テストの点数は学校の格付けにつながり、最終的には不動産の価値をも決める。保護者たちは懸命に（ときには経済的に無理をしてまで）、優秀な学校のある地域に家を買って住もうとする。

そうした背景があるから、PBLは多くの人――教師、校長、保護者――にとって、「リスク」だと受け止められる。そのため、どうしても馴染みのあるやり方、ずっと教えてきたやり方で指導をすることになる。ノスタルジーのおでましだ。

標準テストの目的は、「どれくらい準備ができていて、結果を出せるか」を測ることなのにもかかわらず、こうしたテスト自体が準備の妨げになりかねないことに、私は皮肉を感じる。**さらに皮肉なのは、PBLで学んだ子どもたちの標準テストでの成績が優秀なことだ。**

教師や校長がPBLの考え方を気に入る、あるいは私のトランク・プロジェクトのような体験を通じてその有効性を感じるとしよう。いいと思うのと、実現のために奮闘する覚悟をもつのは、別の話だ。最終的には、教師や校長は学校のランキングに対して説明責任を負う。提供されている教科書、教材、試験を使い、それでも目標の点数に届かなければ、こう言える。

「定められているもので、できるだけのことはしました」

だが危険をおかして別のアプローチを選んだなら、矛先《ほこさき》は自分に向けられる。そんなこんなでＰＢＬは「メインディッシュ」ではなく、あくまでも「デザート」として使われることになるというわけだ。

それでもどうか教師たちを責めないでほしい。やるべきことをやりながら、それと同時に一番子どもたちのためになると思うことも一生懸命にやろうとしているのだ。

ＰＢＬを熱心に求める保護者も、あまりいない。結局のところ、私たちのほとんどは従来のやり方で教育を受けてきており、とくに問題なく成長していまに至っている。確かに学校は退屈だし、不十分な面もあるかもしれないが、ときにそういうことを学ぶのも人生だ。

というわけで教師や校長たちと同じように、親としても子どもたちが「しかるべき成績」を収めることに注力する。それが次へのステップ、つまり大学進学に大切だからだ。

もし、あなたがもっとよい教育を受けていたら？

学校というものに関して働く私たちの心理には、注意が必要だ。

学校教育を受けてきた人たち（つまりは、ほとんどの人）には、**それがどうあるべきかというバイアスや偏見**がある。これは避けられない。

私たちはだれでも、学校生活について自分自身の経験しかないので、それを一般化しがちだからだ。教育者ももちろん例外ではなく、しかも学校では優秀だったか、少なくとも快適な学校生活を送っていたというケースが多い。

保護者は自分自身の体験をもとに考える。よく聞くのは次のような意見だ。

「私は大丈夫だったから、子どもにとっても悪くないはず」

たとえ自身の学校体験が部分的に水準が高くなかったと認識していたとしても、「人格形成に役立った」と考える。

確かにその通りかもしれない。だがアメリカン・フットボールの試合にまつわる思い出や、数学のクラスの退屈さを共有することで芽生《めば》えたクラスメイトとの絆《きずな》を切り離して見ると、何が残るだろう？

おおむね人生に満足していると「もし、もっとよい教育を受けていたら？」と考えるのは難しい。でも、こう考えてみたことはあるだろうか。

「いまいる場所までもっと早く辿り着けていたら――退屈なことや大変なことにではなく、興味のあることや有意義な人間関係の構築にもっと時間を使えていたら――もっと多くのことを達成できた可能性はないだろうか？」

自覚しているかどうかはともかくとして、こうした問いに正直に向き合うのを避ける気持ちが、変化を妨げている。

さらに、保護者が関心を寄せているのは、もっともなことではあるが、自分の子どもを**なんとかいまの制度上で切り抜けさせること**だ。いまの学校は完璧とはいえないかもしれないが、少なくともまったく新たに「学校をつくる」方法を考えるよりははるかに現実的だ。

そこで、「身を入れて宿題をして、議案が法律になる過程を暗記しなさい。テストでいい点数がとれるように」となる。そして子どもがつまんない、とこぼせば、同意しつつもこう諭《さと》すのだ。

「ときには、そういうことも必要なの」

だが頭の片隅には、子どもが持っているチャンスは一度だけだという不安もある。

実世界における学び

私たちの学校におけるシムシティ・プロジェクトは、その葛藤《かっとう》を解決するためのものだ。その根本的なゴールは、子どもたちを実世界に向けて準備させること。

標準テストとは違い、現在の世の中では、成功したり発展したりするために**「これをやっておけばいい」というわかりやすいタスクがどんどん減ってきている。**人生はとっ散らかっていて複雑で、いつでも何が必要とされているのか、何ができるのかを判断する必要に迫られながら、さらにそれを実行しなければならない。

企業が求めているのは、職場で使える問題解決のスキルをもち、物事にしっかりと取り組む自信も兼ね備えた大人に成長した子どもたちだ。

親はといえば、不測の事態で職を失ったとしても、次にどのように行動すればいいのかを冷静に分析できる子を求めている。家庭においてはパートナーと協働し、責任を共有して事にあたれる大人に成長すれば、みんなが助かる。

さらに私たちのコミュニティーに目を向ければ、複雑で倫理的な問題に直面したときに物事の両面を考慮し、さまざまな推論を適用したり、仮定に疑問を呈して判断したりできるスキルをもつ大人を求めている。

当の子どもたちはどうだろう？

そうなるのを面倒臭がっている？

答えはノー。

議案が法律になるまでを暗唱するだけではなく、法律という自分にとって大切なものをつくり上げるのはどんな気分なのか、どれだけ大変なのかも知りたがっている。

これからの人生に向けて、できるだけ準備をしておきたいと思っているのだ。

第5章

一生役に立つ「自己主導性」を植えつける

サプライズをねらった実験は不発に終わった。

私の学生時代、化学担当だったマシューズ先生ときたら、アインシュタインのようなヘアスタイルと分厚い眼鏡で、さながらマッド・サイエンティストのよう。そんなマシューズ先生のことはみんな好きだったが、化学は苦手だった。

先生の授業はいたってふつうで、私たちは講義を聞き、ノートをとり、周期表を暗記し、方程式を解くことにほとんどの時間を費やした。そしてときどき教室の両端にある実験用のテーブルに移動し、込み入った指示を受けて室内実験を行った。

ある年の12月、冬休み直前に行われた実験の授業だった。いつもと同じようにマシューズ先生は実験の手順が書かれた用紙を用意し、必要な成分をすべて計って、ラベルを貼ってすぐに使えるように準備していた。だから私たちは初心者向けの料理本のレシピに従うように、指示に従いさえすればよかった。

もし実験の目的を知っていたなら、あるいは何を達成しようとしているのかを把握していたなら、途中で何かがおかしいと気がつけたかもしれない。ちょうどいいタイミングで問題を解決するか、先生にアドバイスを求めることができたかもしれない。

だが、私たちは自分たちが何をつくっているのかも、実験の意図も知らされていなかったので、最終ステップまで指示通りに進むしかなかった――そして、ピーナッツがいくつか浮かんだ砂糖入りのドロドロの液体を前に困惑することになった。

一緒に実験をしていた子が言った。

「指示書の裏を見てみて。続きがあるはずでしょ」

別の子はつぶやく。

「もしかしたらクリスマス実験じゃなくて、エイプリル・フール実験だったのかも」

他のテーブルでは違う結果になっていないか、周囲を見まわしたが、どのテーブルも同じだった。

マシューズ先生はテーブルからテーブルへと急いでまわり、実験用紙と成分を何度も見比べては、ぶつぶつ言っていた。終業ベルが鳴り、どうすればよかったのかよくわからないまま、みんなが先生を見つめた。

とうとうある生徒が聞いた。

「先生、何ができるはずだったんですか？」

先生は目に見えて肩を落とした。そして意気消沈した顔で答えた。

「ピーナッツブリトル（ピーナッツを使ったお菓子の一種）だよ。休暇のお供に、と思ってね」

何ができるかお楽しみの、サプライズを狙った授業だった。でも私はときどき考える。

仮にこの試みが成功して美味しいピーナッツブリトルができていたとして、先生の指示に従っただけの私たちは何を達成したのだろう？

私たちの誰かが化学者になりたい、と思うきっかけになっただろうか**（誰もその道には進まなかった）**。

そこまで行かなくても、化学の専門に進みたいと思わせる要素くらいはあっただろうか**（誰も化学科には進んでいない）**。

じゃあせめて、もっと勉強していい成績をとろうという気にさせただろうか？

答えは知りようがないが、おそらく変化をもたらすことはなかっただろう。

生徒たちはいつ自立するのか

30年後。サミットの生徒イーサンが発した何気ない言葉が私の注意を惹《ひ》いた。

「ぼくはＡＰ化学（高校の生徒が大学の化学の内容を学べる制度）の試験を受けます」

「え、ちょっと待って。いまなんて？」私は戸惑いながらも興味をもって訊いた。

「ＡＰ化学の試験を、あと数週間後に受けます」

「でも学校ではＡＰ化学は教えていないわよね」

「ええ、それはわかっています」

私が不思議そうにしている理由に気づいて彼は言った。

「何人か、化学がすごく好きな人がいるんです。もっと勉強したいと思って、それで自分たちでＡＰ化学スタディー・グループをつくりました」

説明は終わったので、もとの会話に戻ろうとしている様子だった。

私は驚いて声を上げたりしないほうが多くの情報を引き出せると心得ていたので、さりげない口調で続けた。

「面白そうね。もっと詳しく話してもらえる？」

「えっと、さっき言ったように、化学好きの連中で集まってるんです。プロジェクトがすごく面白いので、もっと勉強したいと思って。そこで、何人かはＡＰ化学試験を年間のゴールとして設定しました。続けていきたいものなのかどうか見極めたくて。

で、そのためのスタディー・グループをつくる計画を立てました。教材や資料を揃えて、プロジェクトと一覧表をつくって。何かを学ぶときのアプローチはわかっているので、同じやり方で計画をつくったってわけです。それで自主研究として申請したら承認されたので、いまは計画通りに試験に向けて勉強を進めています。

化学のコンプトン先生がメンターになってくれて、ゴール設定や計画を立てるのを手伝ってくれました。先生に報告すると、フィードバックをもらえます。そうそう、化学者にも何人か会わせてくれたんですよ。勉強していることを実際にどう仕事で活かしているかの話を聞けました」

「それで、この経験をどう思う？」私は尋ねた。

「そうですね。**自分は何を好きで何を好きじゃないかはっきりわかりました**。たとえばぼくは仮説を立てて実験をするのは好きです。実際の問題を解くのに化学を使えるのも。でもひとつの考えや理論について研究室で何年も研究することには、さほど興味をもてないとわかりました。ＡＰ試験に受かるかは、まだわかりませんね。ただ結果がどうなろうと、勉強したこと自体に満足しています」

その数日後にあったバーベキューでこの話をすると、ひとりの母親が嘆《なげ》いた。

「うちの息子にはとても無理だわ。そんなに自立して物事を進めるだなんて。やらなきゃいけない仕組みになっていないと、自分だけではそんなこと絶対にできないもの」

こういう感想を聞くことは多い。サミットで指導している**「自主的な方向決定」**について保護者と話をしているときには、いつでもと言ってもいい。

こうした感想を聞くたびに思う。

私たちは子どもたちにいつ、自立する機会を与えているのだろう？　そして、そのときにどうすればいいのか？　子どもたちはどうやって学ぶのだろうか？

指導 vs 学習

ゆうに100年以上前から、アメリカの学校には基本的な前提があった。すなわち、**子どもは大人になる前に一定の知識を身につけなければならない**、と。**学校の仕事は知識を教えることで、子どもの仕事は知識を学ぶこと**。それから学校の仕事はもうひとつ、子どもが学んだということを**世の中に知らせること**。

そのためのアプローチはシンプルである。基本的に教師は講義や教科書、ときには映像などを使って情報を子どもたちに伝達する。子どもたちは勉強して知識を習得し、身につけたことを試験で示す。試験は採点され、子どもたちは成績によってランク付けされ、そうしてクラスは進んでいく。

本当にこんなにシンプルなら、どんなにかよかっただろう！

現実には大半の子どもにとって、講義や教科書での学習は退屈なだけでなく、成果が上

がっていない。最近では何かのやり方を調べようと思えばユーチューブを見ることができ、なんでもググることもできるので、子どもたちは座って講義を聞き、ノートをとり、フラッシュカードをつくる気なんて起こらないのだろう。

また学習についての研究からは、次のようなことが明らかになっている。

- **ほぼどんな子どもでも同レベルの教材から学べる。ただし、それぞれにペースやプロセスは異なる**
- **馴染みのあるフレームワークで提供され、実世界の状況に適用されると、学んだ内容はより定着する**

つまり、教室で行われている画一的な学習法に子どもたちが魅了されないとしても、無理からぬことのようだ。エビデンスからしても、ほとんどの人にはうまくいかない方法だからだ。

となると、教師には**相反するふたつの仕事**があるといえる。

ひとつ目は、**子どもたちの学びに対する責任をもつこと**だ。これは言わずもがなだろう。ほとんどの教師にとって、そもそも職業を選んだ動機でもあり、好きなことだ。

ふたつ目は、**子どもに公平で倫理的な方法で成績をつけ、成績が子どもの達成したことを表す保証をすることである。**

すると、決まってこう言われる。

「そのふたつって、つながっていますよね？　教師は子どもが学ぶのを助け、それで子どもがよい成績をとる、となるので」

しかしだ。**評価の制度には欠陥があるため、その相関関係は正しいとはいえない。**

教師の3分の2は成績について「進捗《しんちょく》、努力、クラスへの出席率が反映されている」と認識しているため、その客観性に乏《とぼ》しいものになっている。成績のつけ方も教師によって、また学校によっても違っていて、あまり一貫性がない。成績には特性があまり反映されず、ほとんどの保護者も子どもも「4」だの「B」だのの数字やアルファベットで示される理由づけを把握していない。

そのうえ教師は仕事に制約が多い。クラスの人数や、子どもたちと接する時間、教材、教えるべき範囲などが決められている。

こうしたことを総合すると、結局次のようになる。教師は子どもたちが時間通りに授業に出席し、集中して十分に学び、基準に達する成績を収め、試験でも及第点をとれるよう日々奮闘する。子どもたちは長期的な目的を達成すべく奮闘する。それは高校を卒業することかもしれないし、大学に入学することかもしれないが、たとえ単調な毎日であっても、そのモチベーションを保つ努力をしている。

でも、そうしてみんなが理性的に行動しているにもかかわらず、全体としてうまく機能しているとは思えない。

子どもたちは、私たちが教えようとした情報を部分的にしか学ばないままになってしまう。たとえテストで高得点やいい成績をとれたとしても、その過程で関心を失い、やる気をなくし、疲れ切ってしまう。

教師は志をもって就いた職業で思ったような仕事ができないことに幻滅し、挫折感を味わう。**やがて教えることをやめてしまうか、うまくいっている子どもだけに目を向けて、ささやかなやりがいを見いだすようになる。**

クラスの子どもたち全員が大人になるのに必要な知識を身につけ、さらに大切なことだが、生涯学び続ける能力を身につけて高校を卒業していく、というのが本来の姿だ。だが、残念ながらそんなふうにはなっていない。

急速に変わっていく世の中で、どんな人であれ次の年に必要な知識を全部身につけるのは不可能。ましてや、18歳になるまでに一生分の知識を身につけることはできない。

だが、この現実に即して指導をしている学校はほとんどない。サミットを創設したとき、私たちはこの部分を変えようと思ったのだ。

発明するより、他者の仕事の上に積み上げる

私は調べものや読書が大好きだ。私の同僚もほとんどそうだ。ダニエル・ピンク、アンジェラ・ダックワース、リンダ・ダーリング＝ハモンド。そうした著者のビジネス書や教育論を読むことで、学ぶとはどういうことか、仕事とはどう進めるものかを知ることができた。

サミットには**「リーダーシップの本棚」**があった。そこに置いてある本をみんなで読んでは学び、書いてある方法について話し合い、採り入れていった。

ダニエル・ピンクのベストセラー『モチベーション3・0　持続する「やる気！」をいかに引き出すか』（講談社、大前研一訳）も本棚にあった。「自律性《オートノミー》」、「熟達《マスタリー》」、「目的」の3要素をベースに、学びに欠かせないモチベーションをアップする方法が紹介されている。

ごく簡単にいうと、自律性とはなんらかの主導権をもつこと、熟達とは何かがうまくできるようになること、目的とは自分にとって大切なことを理由をもって行うことだ。

私たちはその3要素を中心に据《す》えて学びを設計したらどうだろう？　と考えた。いまではこれを**「自主学習」**と呼んでいる。**子どもたち自身が自分の学びのリーダーになる、**

という意味だ。何年ものあいだ計画的に学ぶことを練習し、フィードバックを受け取り、スキルを身につけていく。

自主的に動くスキルは練習で上達する！

読書だけではなく、研究者から直接学びを得たこともある。偉大な心理学者キャロル・ドウェックの弟子にあたるデイビッド・イエーガーが大きな役割を果たしてくれた。

ドウェックは**「成長する人はどういう考え方をしているか」**を研究し、才能は生まれつき決まっていると考える「硬直マインドセット」ではなく、努力によって才能は伸ばせると考える「成長マインドセット」（「しなやかマインドセット」とも呼ばれる）が大切だと説いた心理学者だ。その弟子デイビッドと私は知り合うことができた。

デイビッドは学校に来てくれて、まず2、3時間見てまわった。

そのあと私たちは彼に自分たちのねらいを説明した。子どもたちには、自分たちで意味のあるゴールや指針を設定し、計画を立てて実行してほしいと思っていること。私たちがその場で指導をしなくても、自主的に動けるようになってほしいと考えていること。

すると彼は、のちに私たちが**「自己主導性サイクル」**と呼ぶことになる効果的なやり方について話してくれたのだった。

ドウェックは**短期、中期、長期的なゴール設定を考える練習をすることで、子どもたちの目的意識が発達する**ことを示している(1)。

そこで最初のステップとして、サミットでは目的意識に根ざしたゴールを設定した。たとえば「何かを主張するのにはエビデンスを使う」「きちんと時間管理をして、3週間のプロジェクトを期限の前の晩に追い込みで完成させるような事態を避ける」などだ。

次に、**ゴールをどうやって達成するかの計画を立てる。**

そして、**計画を実行する。**この段階こそ、**子どもたちが学びを得る**ところだ。作業を進めながら**予定通りかチェック**し、自分が必要に応じて自主的な行動をとれているかをみる。メンターにも確認してもらう。

場合によっては、修正の必要が生じる——**やり方を変える、適切な手助けを求める、あるいはもっと課題を探す**、など。

プロジェクトが終わったら、**学んだことを見せる**（形としてはパフォーマンスだったり、製品だったりする）。

でも、それで終わりではない。次のステップは、**「何がうまくいったか／それはどうしてか」「何が難しかったか／それはどうしてか」を振り返る**ことだ。そして、あとは反復になる。同じサイクルを次のクラスで繰り返し、その次のクラスでも繰り返す。教室にいる大人の役割は、質問に答えて進行を手助けすることで、主導権は握らない。私たちはデイビッドと一緒にこのサイクルのたたき台を1時間でまとめ、ホワイトボードに書いた。そうしながら、ふと大切なことに気づいたのだ。

「すばらしい考えを持っている人たちの本や論文を読むだけでは足りない」

デイビッドと私たちがやっているように、**研究者と実践する側が話し合えば、お互いのために有効**だ。そこでデイビッドにとどまらず、他の研究者たちにも声をかけ始めた。「リーダーシップ本棚」に並ぶ本の著者たちを含む面識のない研究者たちに連絡をして、こう自己紹介をしたのだ。

「これが私たちの計画です。アドバイスをいただけませんか？　何が足りないでしょうか？　間違っているところはないでしょうか？　的を射ているのはどのあたりでしょうか？」

そう厚かましくも申し出た。**すると驚くべきことに彼らは応えてくれた**ので、私たちは修正を加え――自主学習は現在の姿になった。

よい知らせは、「自己主導性は学ぶことができる」ということだ。

バーベキューで話をした母親が「息子には自主的に物事を進めるスキルが欠けている」と言っていたのは、おそらくその通りなのだろう。ただそれに対する対処が「息子を仕組みがしっかりしている環境に置く」というものだとしたら、その子はずっと自己主導のスキルを使わずに済んでしまう。

実際に彼に必要なのは、自己主導のスキルを集中的に身につけることではないだろうか。家族や学校のサポートのあるいま学ばなければ、いつ学ぶのだろうか？　大学で？　職場で？　ひとり暮らしを始めたときに？

私たちの生徒イーサンが、自己主導性サイクルを適用して化学学習の体験をつくり出すまでには、何年もの練習期間を経ている。始めからそんなことができたわけではないのだ。**まずは1時間の枠組みの中で、サイクルを学んでいった。そしてまた次の1時間で。そしてまた次で。**

適切なゴールを自分で設定する手順〝SMART〟

「この時間でのゴールは何？　2分で。はい、開始！」

ホワイトボードの壁には、ゼロまでカウントダウンするタイマーが映し出されていて、その横には〝**SMARTゴール**〟のフレームワークが書かれている。

SMARTゴールとは、ジョージ・ドーラン、アーサー・ミラー、ジェームズ・カニンガムが開発したツールで、具体的な（Specific）、測定可能な（Measurable）、実現可能な

(Actionable)、現実的な(Realistic)、期限を示した(Timebound)の頭文字をとったものだ。

「SMARTを忘れずにね」

ジョーンズ先生が子どもたちに呼びかける。**学校で毎日1時間設けられている「自主学習」の時間だ。**

子どもたちはひとりで、あるいは仲間か教師と一緒に、個人的なゴールに合わせて、その日、あるいはその週に達成すべきことをもとに作業する。内容は「フランス革命の原因」から「複素数と有理指数」まで、多岐《たき》にわたる。

自習時間のようなもの、と思われがちだが両者は根本的に違う。**生徒が取り組んでいるのは、メンターと相談して本人が決めたゴールから引き出された課題だ。**

たとえばある生徒の週の終わりまでのゴールが、「特定の数学の概念を理解する」だとする。それを自主学習のクラスの教師は把握している。メンターも、数学の教師も、生徒も把握している。情報を、私たちが開発したプラットフォームで見ることができるからだ。**生徒は時間をそのゴールのために使っても、他のゴールのために使っても構わない。**

ジョーンズ先生は教室をまわり、それぞれのラップトップで作業している子どもたちに個別に質問をしていく。

「**それ、60分というのは現実的?** それとも調整が必要かしら」

「ゴールに期限は書かれている？　**いつまでに完成するの？**」

「私が読んで言いたいことがわからないということは、その書き方では具体的に何をしようとしているのかが伝わっていないということよ」

「下書きができたら」タイマーの残り時間が少なくなると、彼女はクラスに呼びかけた。**「パートナーと見せ合って、フィードバックをもらうこと。そして修正しましょう」**

2分が経過すると、ジョーンズ先生は言った。

「それでは、**みんなでシェアしましょう。**そうすれば情報に基づいた計画が立てられて、お互いに責任を負うこともできるから」

そして生徒たちがゴールを追加した共有文書を映し出し、全員がみんなのゴールを見られるようにした。

「これを見て、**自分のゴールと達成する計画について考えてみてね。**クラスの中で使えるリソースはない？　似たようなゴールを設定している人は？」

ここで間をとってから先生は言った。

「**2分時間をとるので、計画を立てましょう。**何を達成しようとしているの？　どんなリソースがある？　どう作業をするのがいちばんいい？　詳しく書いてみて。順を追ってね。では、開始」

2分後には、全員の計画が形になっていた。共通点もあるが、それぞれにカスタマイズされていて、テーマはさまざまだった。「テーマについて自分がすでに何を知っているのかを把握するために評価診断を受ける」「すでに身につけているべき目的格と語彙《ごい》を復習する」「選んだトピックの短期集中講座のビデオを観る」などなど。

何人か、「ゴールが同じパートナーと一緒に勉強する」という子もいた。お互いに説明をし合い、練習問題を問き、相手の答えを確認するという。

クラスが始まって8分も経たないうちに、生徒全員が計画に沿って作業を開始した。ひとりで作業している子もいれば、小グループやペアになっている子たちもいる。イヤホンをつけている子も、フードをかぶっている子もいる。椅子に座っていたり、床に座っていたり、机の下にもぐり込んでいる子までいる。

10分ごとに、その日のタイムキーパー(志願した子だ)が、残り時間を告げる。残り時間が少なくなるにつれ、子どもたちは、ホワイトボードに映し出されているゴールを達成し始めた。「達成」をクリックするとゴールはグリーンに色を変え、クラスメイトたちから「**おめでとう! よくやった**」といった声がかかったり、拍手が起こったりする。ある科学の概念を身につけようとしていた生徒がゴールを達成したときには——**ハイタッチやハグ**だ。みんな、彼が時間をかけて取り組んでいたことを知っていたので、この達成の重みを理解していたのだ。

誰でも自主的に学べるようになる「5つのパワー行動」

残り時間が7分となったところで、ジョーンズ先生はクラスをもとに戻した。

「今日の作業時間とゴール・サイクルの振り返りをしましょう。うまくいったことと、その理由を教えて」

「ぼくは、時間ぴったりにゴールを達成しました」

デイビッドは満面の笑みで言って、クラスをみまわした。

「ゴールを達成できたのはいいことね。時間ぴったりがいいことなのはどうして？」

少し真顔になって、彼は言った。

「ずっと作業をしていたので、自分にとってちょうどいいゴールを設定できたのだと思います。**何にどのくらい時間がかかるのかわかってきたので、前よりうまく計画を立てられるようになりました**」

「その知識は強力な武器ね。話してくれてありがとう。ほかにも自分にちょうどいいゴールを設定できた人はいる？」

何人かの手が挙がった。

「ほかにうまくいったことは？」

「私は一次方程式と不等式がなかなか理解できなくて」サーシャが言った。

「昨日まではゴールを達成できないことがありました。やり方が悪かったんだと思います。だけど今日はイングリッドとラージも同じゴールだったので、**スタディー・グループをつくってみたら**、これが私にとってはとても効果的でした。何を理解していなかったのかがわかって、ようやくゴールを達成できました」

「戦略変更を実行したのね。いつものやり方ではうまくいかないと気づき、計画を見直して戦略を変えたのは、すばらしいわ」

説明しよう。ジョーンズ先生は――サミットの先生たち全員と同様に――生徒が自主的な学習者になるための**「5つのパワー行動」**を徹底させている。**「戦略変更」**はそのひとつで、ほかに**「課題探し」「粘り強さ」「妨げへの対応」「適切な助言要請」**がある。

彼女は再びクラスに呼びかけた。

「うまくいかなったことは？　それはどうして？」

「ぼくはゴールを達成できませんでした」

カイルは少し肩を落として言った。

「それは残念だったけど、そこから学んだことはある？」

カイルの表情が明るくなる。好奇心を引き出せたのだ。

「ええと、細胞についてゴールを立てたんですが、あんなに複雑だとは知らなくて。他の生物の内容は得意だったので、自信過剰になっていたんだと思います。ぜんぜん理解していないと気づいて、イライラしてきて……。時間内に終わらせるのは無理だとわかったので、ふだんより勉強に身が入りませんでした」

「正直に話してくれてありがとう。今日の60分での学びは？　次のクラスではどう改善できると思う？」

「今日はすこし時間を無駄にした気がします」カイルは言った。

「ゴールを達成できないとわかったからです。それがわかった時点で、ゴールを変更すればよかったかもしれません。そのほうがやる気が出たと思います」

「確かに、その戦略をとればよかったわね。時間内にゴールを達成できないと気づいたことが、**精神的な妨げ**になったようね。いまの振り返りを聞いていると、それに対してもっと前向きな対応もできたでしょう。ゴールを達成できなさそうだと思ったときにゴールを見直して、新しいゴール達成に向けて全力で取り組むとか」

「みんな、自主的な学習者の5つの行動からふたつを確認できたわね」

ジョーンズ先生は続けた。

「戦略変更と妨げへの対応です。今日、残りの3つのどれかを実行した人はいる?」

アンナが答える。

「ゲイブが私に、産業革命について具体的な質問をしました。ほとんど理解していたんですが、1点だけわからないって。これは**適切な助言要請**だと思いました。自分で作業をして何がわからないかを理解したうえで、私に訊いてきたからです」

「ほぼ全員、粘り強さを発揮できていたと思います」トッドが言った。

「ずっと一生懸命作業しましたし、多くの人がゴールを達成しています。しかも、どれも簡単なゴールではありません」

「私もそう思う」ジョーンズ先生は言った。「課題探しについては、どう? 誰かいる?」

「はい」切り出したのはクーパーだ。

「ぼくは数学が苦手です。ぜんぜんできなくて。でもいまのプロジェクトは面白くて、そのために理解しなければならないことがありました。それで今日は数学から始めることにしました。最初のゴールにしたんです」

生徒が先生のほうを向いて座らない理由

サミットでは、生徒たちが全員教師のほうを向いて並んで座ることは少ない。自分で計画した、あるいは管理している作業に、各自バラバラに取り組んでいることが多いからだ。

保護者は眉をひそめる。はっきりと言われることはほとんどないが、言外にうかがえるのは、「子どもが一生懸命に勉強していないのではないか……」という不安だ。

まるで、参加自由で食べ放題のビュッフェ教室が開かれているように思われているのだろう。子どもたちはフライドポテトやデザートを詰め込んでいたり、インスタグラムやモバイルゲームをしたり――なんて想像をしているのかもしれない。子どもたちが自分で、良質で健康的な選択をしているところは想像せずに。

ビュッフェはビュッフェでも、私がイメージしているのは**グーグルのカフェテリアで提供されているビュッフェ**だ。グーグルのビュッフェでは、食べ物にはすべてはっきりと赤、黄色、緑色の印がついている。緑色なら、健康的なので毎日食べるべきものだ（サラダやフルーツ、健康的な穀物、脂肪分の少ないタンパク質など）。黄色なら、週に何回か食べるのに適しているが、食べすぎるのは控えたいものだ（チーズたっぷりのものや、種類によっては肉やパスタがここに分類されるかもしれない）。赤なら「これは要注意」の合図だ（ドーナッツ！）。

分量にも配慮が行き届いていて、足りなければ追加でとればいいようになっている。皿は食べられる以上にとりすぎないよう小さめ。さらには料理人が食事をしている人たちをまわり、食べ物について話をしたり、質問に答えたり、情報を提供したりもする。

私たちがサミットで提供しているビュッフェも同じ。**子どもたちが自分の経験をまとめるのを助け、役に立つアドバイスを与え、情報に基づく提案を行う。**

生徒たちはユーチューブをスクロールしながら「今日は何を勉強しようかな？」とは言わない。その代わりメンターと一緒にゴールを設定し、私たちが選び出したいくつもの方法（生徒が取り掛かっているプロジェクトにもつながる）から、達成するためのやり方を自分で選ぶ。教師は、大事なことの探求や質問に答えること、フィードバックを与えること、それに子どもたちの成長に意義のある対話をすることに時間を使っている。

私たちは4つ星のビュッフェ体験を提供しているのだ。オールナイトの食べ放題ではない。おかわりのできない――子どもに発言権のない――予《あらかじ》め決められた食事でもない。

これは、いつでもジョーンズ先生の自主学習の時間のようにはうまくいかないことも意味する。ときには、いろいろと散らかっているように見えることもあるだろう。

いかに生産的に失敗をさせるか

スキルを身につけるまでの道はでこぼこだ。子どもがSMARTゴールを設定して実行可能な計画を立てられるようになるまでには、**時間もかかれば練習も必要**なのである。

刺激が多い環境では（そしてテクノロジーが身近にあると）、子どもたちは簡単に気が散ってしまう。動画を観たり、ゲームをしたり、友だちにメールを送ったり、あるいは他のことをして、学んでいるはずの時間を無駄に過ごす。

ウィルは、とかくよからぬ選択をしてしまう子だった。サミットに入学してからの3週間、自主学習時間に何もしなかったのである。文字通り、なんにも。

クラスの邪魔をするわけではないのだ。静かに席についてコンピューターを開き、学習タブレットも開いていた。誰かが通りかかると、文書を読んでいるふりをするか、何か書いているかのようにキーボードに両手を置いた。

メンターとのミーティングでは、だいぶ手を借りながらゴールをいくつか設定していたものの、達成に向けて動けたものはゼロ。ウィルの教師も、メンターも、私も、そのことを知っていた。

彼の中で何がどうなっているのか、これからどうすべきか、私たちは何度も話し合った。記録を見ると、これまでぎりぎりの成績で進学していて、サマースクールの補習も受けていた。どうやら――少なくともこれまでの学校では――必要最低限のことをぎりぎりのタイミングで行うすべを身につけ、他のクラスメイトたちと同じようになんとか進級してきたようだ。

私はウィルに興味を持ち、教室での彼の様子を観察し始めた。ある自主学習の時間に、座っていた私に彼が声をかけてきた。スパイにしては目立っていたのだろう。私が「責任者」だと知っていて、話しかけてきたのだ。不思議に思っていることがあるという。「次の段階に進むように、と言ってくれる先生がいないので何もできない。これまでの学校では言われたからやったのに」とウィル。

「これはどういうことなの？　それを知りたい」と。

私にとっては重大な瞬間だった。そこにはひらめきともいえる、気づきがあった。ウィルは**「自分から関わり、行動を起こさないと何も学べない」と気づいたのだ。**

これまで彼はクラスの動きを、自分の動きだと勘違いしていた。話をしてみると、実際にものを学ぶということ、そのために自分が何をすべきかについて、彼はまったく理解していなかった。

彼にとって、学校は学ぶ場ではなかったのだ。なんとか切り抜けることだけを考えていたという。言っておくが、この魔法の瞬間を境に彼は勉強に没頭するようになり、数カ月後には輝かしい生徒になりました――などということはない。そこから数年間、私たち全員が懸命に努力する必要があった。それでも決定的なブレークスルーだったことは間違いなく、先に進むことができたのだ。

だが私にとってさらに印象的だったのは、この生徒についてサミット外の教育者たちと話したときだった。彼の学びに対する躍進の物語とはとらえず、彼らは呆《あき》れていた。

「よくもまあ、その子が何もせずに座っているのを3週間も放っておけましたね」

大勢の人にそう非難されたのだ。

もしかしたら話が正確に伝わらなかったのかもしれない、と初めは思った。なにせ彼はこれまでの学校生活で何ひとつ達成したことがなく、回避する技を芸術の域にまで高めていたくらいなのだ。教育における自律性の役割に気づくのに3週間かかったとしても、その価値は十分にあっただろう。

彼が「現実世界」でもがきながら進み始めたことで、高校では新たなことをする機会を得た。そこに至るまでの時間は、無駄ではなかった。それまでの人生はずっと制度の勢いに流されてきて、そのことに気づくのに少し時間がかかったということだ。

大人の多くは、子どもが苦労していたら、「すぐに引き上げてあげないと」と感じる。そのためウィルについての議論は、膠着《こうちゃく》状態になってしまうことが多かった。

ウィルにまつわる体験は、**人は失敗に関して複雑な感情を抱いている**と理解するのにも役立った。大半の人は自分のことでも、子どものことでも、失敗を恐れている。だが子どもは失敗から学ぶというのも、知っている。ちょうどいいスイート・スポットを見つけるにはどうすればいいのだろう?

「泳ぐか、沈むか」方式はなぜ間違っているのか

私が4歳くらいのとき、初めての家族旅行に出かけた。ステーションワゴンに乗り込んで南に走り、ロサンゼルスを目指した。道中は暑くて埃《ほこり》っぽかった。車にエアコンはついていなかったので、宿泊先のモーテルにあった素っ気ないプールがオアシスのように感じられた。

それまでに私が水に触れた経験といえば、浅瀬のある湖でバシャバシャと遊んだくらいで、泳ぐことはできなかった。モーテルのプールには浅い場所がなかったので、母は大人と一緒でなければ私をプールに入れさせなかった。だがそのとき母は妹の世話で忙しくしていて、父は自分がプールに入りたくないものだから、「いつかは学ばないと」という解決策を思いつく。

私がプールの縁《ふち》に腰掛けて足をぶらぶらさせていると、父がこう言うのが聞こえた。

「泳ぐか沈むかだ」

そして私を両腕の下から抱きかかえると、そのまま深いプールに落とした。あっという間のできごとだった。水に落ちたときの大きな音を、いまでも覚えている。頭が水を打っ

たとき、何かにぶつかったような衝撃が走った。その瞬間に泳げるようになるなど、無理な相談だ。まだ4歳で、バタ足すらできず、パニックで浮かぶこともできなかった。水の中にゆらゆらとプールの底が見え、手足をばたつかせながら沈んでいくときに感じた恐怖は忘れられない。もう1回バシャッという音が聞こえ、背中で水着が引っ張られる感触があった。母が飛び込んで助けてくれたのだ。

最終的に私は泳げるようになったが、その過程はふつうよりも大変だった。**この出来事で私は水が怖くなったのと、自分は泳ぐのが下手だと思うようになったからだ。**このふたつの心の傷と、私はいまでも闘っている。

失敗から学ぶという考え方はエビデンスによってサポートされているものの、いわゆる「泳ぐか、沈むか」メソッドはうまくいかない。

失敗するのが生産的なのは、以下2点が揃ったときだけだ。

- **失敗した当人がそこから何かを学び、再度挑戦したいと動機づけられること**
- **その失敗が将来への扉を永久に閉ざさないこと**

自分の子どものこととなると、私たちは迷いがちだ。試験のような明らかな挑戦を前に、失敗させるのがいいのか、それともよくないのか、と考える。試験に失敗したからといって、溺《おぼ》れる場合のように死につながることはないが、子どもや保護者にとっては恐怖だ。進路に現実としてふりかかってくるからだ。

卒業試験、大学入試、自動車保険（カリフォルニアでは、成績の平均がB以上だと金額が安くなる）。失敗したときのことを考えれば、親が介入するのももっともだ。

だが、それだけにとどまらない。

そもそも、そのような危機的な状況に近づくこと自体がストレスなので、子どもたちが失敗に近づかないような仕組みをあちこちに配置し始めるのだ。あっという間に入念な制度や構造ができ上がり、宿題のチェック、成績や課題の管理、教師への連絡、さらにはクラスへの出席の確認までを行うようになる。

教師も子どもたちには失敗をしてほしくないと考えているので、意味のない作業に追加の評価を与え、及第させる。また「努力」も評価して成績に加味する。

このやり方が問題なのは、**その生徒がみんなと一緒に進みながらも、実際にはどんどん取り残されている可能性がある**からだ。学校ではサマースクールの補習を提供するが、そこでは学びよりも出席が重視される。その意図は正しい。誰も、子どもに学校から落ちこぼれてほしくないからだ。だが同時に、周囲がすべてお膳立てしてくれるのに頼る子どもにもなってほしくないはずだ。

皮肉なことに、失敗を防ぐために保護者が禁じようとするゲーム遊びが、第3の道への洞察を示してくれる。レットが10歳のとき、隙あらば私の携帯電話で「カット・ザ・ロープ」をプレーしたがった。それは評価の高いゲームアプリで、角度と速度の科学と数学の原理に基づいている。これならいいかなと、レットに遊ばせてあげることにした。

ゲームでは、オム・ノムという小さな愛らしいモンスターがいて、キャンディー好きという設定になっている。そしてキャンディーをゲットするには、プレーヤーはちょうどいい場所でロープを切ってオム・ノムの口に入るようにしなければならない。簡単そうで、これがなかなか難しい。キャンディーを届けるためには、さまざまな仕掛けも解かなければならない。電話を手渡した瞬間にレットは夢中になり、あまりにも動きが速いので私はついていけないくらいだった。

「もっとゆっくり！」私は言った。「何をしているのか、ぜんぜんわからない」

「何？　これが正しいプレーの仕方なんだよ」

見ると、レットは間違った場所でロープを切っているのに気づいた。それも何度も。オム・ノムはその都度悲しそうな顔になるが、レットは気にせずにどんどん進んでいく。

私もリラックスして観察を続けていると、**レットが失敗に動じないのがわかった。**気にすることはないと学び、次々とロープを切る場所を試していく。そのやり方は整然としていて、戦略的で、とても速かった。失敗の不安を感じることなくどんどん進んでいき、試すたびに上達し、失敗したことからも成功したことからと同じくらい学んでいた。

親に必要な「手を貸さない勇気」

何年か経ってレットがサミットに入学すると、クラスで自主学習をするたびに似たような小さな失敗を体験する機会があった。ゴールを設定し、計画を立てた結果——ゴールを達成できることもあれば、できないこともあった。

私は家でもこのサイクルをまねようと思い、夫のスコットと夕食づくりで試してみることにした。うちの家族は、レットも含めて3人揃って食べるのが大好きだ。少し取り憑《つ》かれているといっていいくらいに。食べるのも、食べ物の話をするのも、料理をするのも大好きなのだ。

レットが13歳になったとき「そろそろ、夕食の支度《したく》を覚えてもいい年よね。できない理由はないし」と私は思った。そこで私たちは話し合いをして、水曜日にレットが料理をしなければご飯はないかもしれない、とほのめかすと、彼は料理を覚えたい、と言った。

仮に18歳になるまでに10種類の料理をつくれるようになれば、とりあえず家を出ても自分で生きていけるだろうという話もした。レットも週に1回、自分が好きに食事をつくれるのは楽しみのようだった。

だからといって、私は彼を野放しにして「じゃあ、お願いね。ご飯ができたら声をかけて！」とは言わなかった。それでは失敗は目に見えている。

そうではなく、レシピをたくさん見て、**彼が料理づくりを始めるのによさそうなものを選び出した**。材料の種類が多すぎるもの、手順が複雑なもの、高度なテクニックが必要なものは避けた（グーグル・ビュッフェだ！）。そうやって私が選んだレシピ集から、**彼自身がその週につくろうと思うものを選び、家族みんなで食材を買いに出かけた。**

最初は、私がいくつかミスをおかした。気がそれて、つい料理をしているレットのもとを離れたことがあったのだ。彼にはまだアドバイスが必要で、そのときに何かを焦《こ》がしてしまった。

あるいは、手を貸しすぎたこともある。ナイフをまだきちんと扱えないとき、いまにも指を切りそうな手つきを見て、気がついたら私が料理をするのをレットが見ている……なんていうことになったり。

材料を加える順番がどうして大切なのかなど、基本的な知識もいくつか教える必要があった。だが、手を出して代わりにやってあげては意味がない。レットが料理をする日は支度に時間がかかるので、つい手を出したくなるのを我慢することになった。

キッチンは思った以上に汚れるし、正直、料理も自分でつくるよりは味が落ちた。それまで気づかなかったが、20年間練習をしてきたことで、野菜はクタッとせずにシャキッと仕上がり、肉もよい焼き加減に調理できるようになっていたようだ。しかも手早く。

だが、レットが質問をしてきたときに私が手を出してしまうと、やる気を失って、ときにはキッチンから出ていってしまうことに気づいた。それでほっとしたこともなかったわけではない。私も疲れてお腹が空いているときは、早く食事にしたい。だが、それではレットが学ぶことはできない。

構いすぎることや代わりにやってあげることは、つい保護者がやってしまいがちな過《あやま》ちだ。自分の経験から、その理由もわかる。

そこでスコットと私は、自分たちでルールを決めた。レットが料理をしているときは、**質問に答えられるようにどちらかが近くにいるようにする。**ただし、そのときにはカウンターの反対側にいるようにして、かつ他の作業も行い――新聞を読むとか仕事をするなど――**レットだけに集中しないようにする。**彼のスペースに入り込んで、代わりに料理を始める誘惑を食いとめられるように。

たとえ料理がうまく仕上がらなくても、キッチンが汚れても、そこはすべて目を瞑《つぶ》る。

優先すべきは彼の学びなのだ。

レットの観点から見てみよう。彼のゴールは週に1度、夕食をつくることだ。計画もある――レシピと材料がそれにあたる。その計画を実行に移し、必要に応じて私たちに質問をする。彼のつくった料理をみんなで食べるたびに、私たちが知っていることを教えられる。

振り返りについては、家族で長く続けているシステムがある。つくったレシピをすべてプラスチックシートに入れて保存し、それぞれが**「レーティング」**をするのだ。評価は1から10までで、よかった点、そうでなかった点を書く（少し取り憑かれている、というのはこういうところだ）。

つまりレットにフィードバックを提供するには、すでにある仕組みを使えばよかった。率直で実行可能で、彼が学んだことや次はどう変えてみるかを話せる内容のフィードバックだ。

結果として、ゆっくりだが確実にレットは料理人として成長している。親としては、健康的な食事ができる準備が整った状態で家を出てくれるのなら、これは比較的わずかな投資（1週間に1食を5年間）に思える。仮に完全に失敗したことがあったとしても、夕食にシリアルを食べればいいだけ。難しいのは、私たちが生産的な目的のためにあえて手を離し、成長するように設計されたプロセスを信頼することだ。

親が「教える役割」を捨てるべきタイミング

子どもが失敗するのを見るのは、たとえ夕食を焦がすといった些細《ささい》なことでも、きついものだ。**自己主導性を育もうとするときの苦しみは、もっと深いと思う。**子どもが自分で主導権をとる場合、**親の役割は変わる。**だが新しい役割がどういうものなのかは、必ずしもはっきりしない。

土曜日の早朝、家の中は静かだった。私は1週間不在にしていて、前の晩は家族が寝たあとに帰宅していた。私がコーヒーを飲もうとしていると、スコットが犬の散歩から戻ってキッチンに入ってきた。見るからに怒っているようだ。

「公園で何かあった?」私は訊いた。

「きみがいないあいだ、レットの数学の勉強をみてあげようとしたんだけど、大変だった」

スコットは淡々と言った。

「教科書がないから、どうやって数学の問題を解くことになっているのかわからなかったんだ。ぼくが知っているやり方とは違ったから」

一瞬考えて、スコットは妻としての私に話しているのではなく、ドッグ・パークのことで怒っているのでもないと気づいた。自分の子どもが通っている学校のリーダーに話しているのだ。私はギアを入れかえた。

「何があったのか、話してもらえる？」

彼は深呼吸してから、言った。

「レットは今週数学に取り組んでいて、ぼくに教えてほしいと言ってきた。解こうとしている問題を見て、正確な解き方をすぐに思い出せなかったんだ。聞くと、レットはぼくが教わったのとは違うやり方をしていた。テキストを見せてほしいというと、持っていなかった。オンラインのプレイリストしか」

私は頷き、訊いた。「そのあとはどうしたの？」

「一緒にプレイリストを確認して、20分か30分くらいかかった」

「それで？」

「プレイリストにあった資料で、数式の解き方を見つけた。レットは全部問題を解いて、一緒に答えをチェックしたんだけど、ひとつだけ間違ってたんだ。だけどそれがどうして合ってないのか、どうすれば正しい答えを出せるのか、わからなかった」

「レットがあなたと一緒にその1問を解けなかったのが気になるの？　学校で先生に訊けばいいでしょう？」

「そうだけど、レットは全部終えられなかったんだよ？」

「そこは気にしなくていいんじゃない？　30分かけて一緒に解き方を探したのよね？　大切なのはレットが解き方を理解することで、それはできたんだから」

「でも全問正解じゃないんだぞ」

まるで私が肝心なことを理解していないかのように、彼は言った。

「その問題だけど、学校で先生に訊いて解けたの？」

「ああ」

「だったら、あなたが何を気にしているのかよくわからない。解いた問題は提出しなくていいのよ。それで成績をつけられたりもしない。概念を理解するためにデザインされたものだから。レットが理解して、あなたと先生に質問もしたのなら、なんの問題もないと思うけど」

私は心から不思議に思っていた。

「でも、どう教えてあげればいいのか、わからなかったんだよ。これまでそんなこと1度もなかったのに。いままでは教科書をパラパラ見れば、やり方を思い出して教えてあげられた。でも、今回はやり方を確認するのに、一緒に動画を観ないとならなかったんだ」

スコットの声が、少し不安そうになってきた。

そのとき、どういうことなのかが見えてきた。スコットだけではなく、これまでサミットで遭遇したさまざまな保護者からの心配の声の正体も。

レットが小学生だった6年間、スコットは息子の教育における自分の役割を把握していた。私が英語をサポートし、彼は算数のサポートをしていた。馴染みのある分野で、教えるのはお手のものだった。**それが急に親としての仕事のやり方がわからなくなった**、ということだったのだ。

要はスコットと私は、**子どもに必要とされるのが好きなのだ**。他の保護者たちと同じように。レットがツールにアクセスするようになり、自分の学びを管理するスキルを身につけるにつれ、私たちの役割は変わった。

息子のほうが自分たちよりものを知っている、というのはへんな感じがした。だが、彼の準備には最適なやり方であり、やがて私たちも自分たちの新しい居場所を見つけられるだろう。

第6章

メンター制度で「振り返り力」を教える

さまざまな調査結果から、きわめて重要な事実がわかっている。

「学校でたとえひとりであっても大人と有意義な関係を築いた子どもは、そうでない子どもよりもいい結果を出している」

問題は、学校にはこれを成り立たせる制度がないことだ。

典型的な1500人規模の高校では、カウンセラーの取扱い件数はひとりにつきなんと400〜500名にもなる（私自身、カウンセリング部門を運営していたことがあるので、よく知っている）。

カウンセラーは4年間のあいだ、ひとりの子どもにつきわずか20分のミーティングを2回しかもてない。こうなるとメンターや擁護者とはいえず、むしろデータ処理者というほうがぴったりきそうだ。学生名簿に名前がある子どもたち全員と親しくなることなど、とてもできない状況だった。

子どもが大学への進学を考える時期になって、推薦状を書けるほどその子のことを知っている人は校内にいるだろうか？

カウンセラーにはまず無理だ。もし運よくAP英語の授業を受けていたら、その教師という選択肢が考えられるかもしれない。大学レベルの進んだ内容を学ぶAPは好印象で、英語の先生なら文章もうまいはずだろう。だが、考えていることはみんな一緒で、AP英語の教師に推薦状の依頼が殺到する。

一方、教師のほうも授業だけで手一杯なので、何十通ものレター依頼を受けても上限を設けざるを得なくなる。あるいは最悪のケースでは、引き受けはしたものの時間に追われ、レターの文面はコピーし、生徒の名前の他はほとんど変更を加えずに完成させることになる。

マウンテン・ビューで教頭をつとめた1年目に、私はこの現実に気づいた。スタンフォード大学が、数名の生徒の書類を「推薦状の文面が同じだ」という理由で受けつけてくれなかったからだ。教師がその生徒向けのレターを書く時間がとれないのなら、どうしても入学させたい生徒というわけではないのではないか、ということだった。もちろん筋が通ってはいるが、私は教師が抱えている負担も知っていた。

私たちは**違うやり方**をしたかった。卒業年度に、生徒のことを教師もメンターもよく知っていて、個別の推薦状を書くのが当然で、易しいとさえ思えるようにするには、どうすればいいのだろうか。

「教師」ではなく「メンター」として教える理由

まずは「ホームルーム」のコンセプトから考えた。そして**実際に家《ホーム》にいるように感じられる場**にしようと決めた。**自分のことをわかってくれている人がいて、サポートを求めることのできる、安心の場だ。**

高校で教師をしていた経験から、私は子どもたちが家に飢えているのも知っていた。私の教室には、朝授業が始まる前とランチタイムに、他の場所では安全を感じられない子たちがやってきた。静かで落ち着いた場、それに、つながりも求めていた。私にお手伝いを申し出たり、生活の中の細々したことを話してきたりした。

サミットをオープンしたとき、私たちは**「メンター・グループ」**をつくることで落ち着いた。教師が生徒の心を育てる役割を、「メンター」として担うのである。生徒をサポートする仕組みにどんなものがあるか研究結果も多く参照したものの、意図的にメンターという呼び方を採用することにした。

アドバイザーはアドバイスを与える。**それに対しメンターは経験豊富な、信頼できる指**

導者だ。

それぞれのメンターは受け持っている子どもと個人的な関係を持ちながら、同時に担当しているメンター・グループを率いていて、そのグループでも一緒に多くの時間を過ごす。このグループは、子どもにとってはサミット・コミュニティー全体の中の**「核家族」**のようなものだ。

グループを設定するときには、**偏りが生じないよう慎重を期す。**ジェンダー、人種、学術的スキル、経済的なバックグラウンド——さまざまなタイプの子がひとつのグループにいるように。どのグループも、ハリー・ポッターでいうホグワーツの「寮（ハウス）」のように結束がかたくなってほしいと思っている。「帽子での組分け」とまではいかないものの、メンター・グループに子どもを迎え入れる際は、かなり大々的に歓迎している。

メンターの役割は、学校の価値観を実践することだ。それはすなわち、子どもがその価値観を自分のものにして、自然とそれに沿った行動をとれるまでにすることを意味する。

メンター・グループは定期的に集まり、ゴールについて話したり、互いに問題を解決し合ったりする。それとは別に、生徒はメンターと1対1で会う時間が毎週ある。

また、メンターはその子の家族も把握している。家庭訪問を行い、たとえば家庭がソマリ人で兄弟や姉妹が6人いる、母親が不在の場合や英語が得意でない場合にどのお姉さんに話をすればいいのか、といったことも確認するのだ。

そして、最も大事なことだが、**メンター・グループは学年が上がっても変わらない**。各メンターが受け持つのは15人から20人なので、それぞれの子を「まるごと」知ることになる。そうやって親密な関係を築きながら、自分で設定したゴールを達成するのを手伝う。

誰に推薦状を書いてもらうかは、考えるまでもない。

「だんだん聴衆が増える」でスピーチ嫌いが解消！

メンター制度のすばらしい効果を、私たちはすぐに目の当たりにした。

ことの始まりは**「スピーキング・アウト・プロジェクト」**として知られることになる課題だった。いまではサミットの通過儀礼になっているものだ。

高校1年目をここで過ごした子たちは全員、アダムとケリーが最初の年に開発した演習を体験している。まず、**自分が情熱を感じるテーマを選び、徹底的に調べて論文にまとめる。そしてその論文をスピーチに直し、何度も何度も練習する**。アダムのように、「障害物をよけるクラス」の時間にでも。

そのスピーチを**まずは同級生の小グループの前で行い、だんだんと対象人数を増やしていって、やがては学年全体の前でスピーチをする**。その間、継続的にフィードバックを受け、改善していくのはいうまでもない。

学年全体での発表が終わると、いちばんいいと思うスピーチを6つから8つ選び、選ばれた生徒はサミット全体とコミュニティーに向けて披露することになっている。

スピーキング・アウトは、従来のやり方をとっていない。先輩が後輩たちに向けてスピーチをする、というのではないのだ。

誰かがあなたを信じてくれるとき

マックスは重度の吃音《きつおん》がある子で、スピーキング・アウトの初期クラスに参加していた。「スピーチ」という言葉が出るだけで、彼は激しく動揺した。調べものと論文を書くことに全力を注ぎ込んでは、そのかわりアダム先生がスピーチは免除してくれないだろうか——と期待した。

アダムはマックスのメンターではなかったものの、他の多くの子どもたちのメンターだったので、指導も「メンターのマインドセット」で行うようになっていた。つまり、マックスが自力で課題をすべてやり通すこと、ただしそのためのサポートは惜しまないという、冷静でゆるぎないスタンスを貫いたのだ。

マックスはスピーチを練習する段階に進み、いかにそれが自分にとってひどい仕打ちかをアダムに毎日訴えた。それでも前に進み、スピーチを披露するときがきた。最終日のトリを選んだマックスは、つっかえながら話し、割り当てられた時間の5倍かかった。スピーチが終わる数分前に授業の時間は終わっていたが、席を立つ者は誰もいなかった。**マックスがスピーチを終えると、クラスメイトたちから、スタンディング・オベーションがわき起こった。**

もっとも力強いスピーチのひとつとして、マックスのスピーチが選ばれた。つまり学校全体を前にスピーチをするということだが、その時点では、もう本番は翌日に迫っている。初め、アダムは子どもたちがマックスをからかう意図で投票したのでは、と心配になったという。「一瞬がくっときたよ。いい学校文化をつくろうとこんなに頑張ってきたのに、子どもたちがマックスに意地悪をしているんじゃないかと勘ぐってね」

でも個別に子どもたちと話をしてみると、口々に感動した様子で訴えてきた――マックスのスピーチはすごかった、よかった。そしてアダムも、それは同感だった。スピーチをしなくて済むようにとマックスがスピーチ原稿につぎ込んだ努力は、その質を上げるという形で見事に実を結んでいた。

当のマックス自身は、客観的に優れていることに確信がなかったようで、翌日は学校に行かないかもしれないと言った。そこでアダムはマックスのメンターのアンジェリカも巻き込み、放課後にふたりでマックスと時間をかけて話をして、戦略も立てた。

たしかにマックスにも、もっともな言い分はあった。

「課題はやり遂げた。スピーチはした。これ以上、まだ何をしろというの？」

アダムとアンジェリカは、**これまでできないと思っていたこと、やってみようとも思わなかったことをやったときのことを振り返ってみるよう促した。**するとマックスは、自分が話し終えられたこと、スタンディング・オベーションを受けたときはとても気分がよかったことをしぶしぶ認めた。いったんスピーチを始めると、最後まで話すことに集中し切っていたので、他のことはまったく考えなかったという。

そしてもっといいやり方ができないか、とも考えた。アダムは可能性があると察して、次のゴールは何にするのかを訊いた。アダムはマックスのメンターではないが、これがメンターシップ・マインドセットのいいところだ。ひとりの生徒をサポートするためにチームが形成されるとき、こうした光景を私は何度となく、毎年繰り返し見てきた。**教師は、メンターというもうひとつの肩書きを持っているため、相乗効果で両方が強化される。**

アダムとアンジェリカは、決めるのは本人だと話し、ただこうもつけ加えた。

「明日来ないと後悔するのは、自分でもわかっているよね」

マックスは、約束はできないが考えてみると言った。

信じられないような話だが、**その晩マックスはインターネットで吃音を治す方法について調べ、選択肢のひとつとして耳に装置を入れるやり方があるのを知った。**それはコミュニティー・センターで手に入り、まもなく閉まる時間だったものの彼が来るまで開けて待っていてくれるという。

その装置について、なぜそれまで誰も調べたことがなかったのかは、いまだに謎のままだ。わかっているのは、マックスが吃音について自ら動きサポートを求めたのは、このときが初めてだったということだ。その夜、装置を着けてスピーチを練習すると、20分の長さを8分にまで縮めることができた。そのころには明日スピーチをするのだと、もう自分でもわかっていた。

翌日、校内一大きな施設に生徒たち全員が集まった。1面の壁が床から天井まで鏡になっているので、「ダンスルーム」と呼んでいたところだ（ティーンエイジャーたちは鏡に映る自分たちの姿で気が散るので、教師たちはみなこの施設を嫌がり、誰が使わなくてはいけないかくじ引きで決めていたほどだ。やがて、この奇抜な施設を有効に使うことに慣れてきたが）。

マックスの両親は前夜、アンジェリカと電話で長々と話していた。ふたりの感情はめまぐるしく変化し、**息子を守ろうとする思いと、慎重ながらも楽観視する思いとのあいだを行ったり来たりしていた。**どうすればいいのか途方にくれ、最終的にはマックスに決めさせることに同意した。

マックスのお父さん――クマのように大柄な電気技師――がその朝、人目を忍ぶようにやってきて言った。

「マックスには来るなと言われたんですが、いてもたってもいられなくて」

私たちは彼を、後部出入り口のところに案内した。マックスの姿は見えるが、おそらくマックスから父親の姿は見えないだろうと踏んで。

アダムはいまでも、マックスがスピーチを終えた瞬間に、うしろを振り返ったときのことを覚えているという。会場全体が盛大なスタンディング・オベーションに包まれるなか、父親は涙を流し続けていた。

年月が過ぎ、アダムとマックスは再会した。あの日、学校全体の前でスピーチをしたことは、ずっと大切にしている思い出だとマックスは言ってくれた。

私にとっても大切な思い出だ。**子どもと個人的な関係を築き、安全な場をつくったうえで、お互いのこと、自分自身のことを理解し合えるようにすると、どんなことが起こるのか**――その例として忘れられないものとなった。

話し終えたときの彼の高揚した表情は忘れられない。できるなんて思ってもみなかったことを達成し、突如《とつじょ》として自分に対する見方が変わったときにだけ見られる表情を。

「省察」の驚くべき力

メンターの役割の大部分はアダムとアンジェリカがマックスに行ったようなことだ。つまり、**子どもが自分のしたいこと、自分が何者なのか、何が気になるのか、どういう感情をもっているのか、そして究極的にはそこから何をすべきか**まで考えられるような**質問をする**ことだ。つまり、生徒が自分自身を省察する「振り返り力」がつくよう導くのである。

なぜそういうアプローチが必要か。**それは、行動とは人に言われたからするものではなく、自分のための選択だからだ。**

自分で自分を振り返り、省察を行うときに、学びと成長が実現されるのである。学校ではメンタリングと省察を通じて学びと成長があると約束しているので、このアプローチをすべての場面において適用している。

省察を促すための活動は他にもあって、サミットの高校2年生は英語の授業の時間、**「パッション・プロジェクト」**に何週間も取り組む。

その鍵となるのは次の質問だ。

「コミュニティーの中で自分自身を向上させるためには、興味や好奇心、情熱をどう活かせますか?」

子どもたちはそれぞれにテーマを決め、深く調べていく。早い段階で同級生に発表し、互いに学びながら進め、さらにプロセスについてブログにも書く。

プロジェクトの最終ステップはあのTEDトークだ――といっても、もちろん本物に登壇するわけではない。何を学んだか、どう活かしていくかを、情熱をもってみんなに発表する。スピーキング・アウトに似たプロジェクトともいえる。

特定のスキルを何度も繰り返し練習できる能力は重要だ。そう、そのこと自体が能力なのだ。子どもたちは馴染みのあるスキルを練習しつつ、プロジェクトに新鮮な気持ちで取り組めるよう、まったく新たなトピックを毎回選ぶ。

「生徒が採点する」すごいメリット

私が参加したときは、スピーチの下書きを採点ガイドに沿って、生徒同士レビューし始めたところだった。ヘルナンデス先生は「平凡」から「プロ並み」までの幅があるサンプル用エッセイを配った。**生徒のタスクはガイドを使いながら、クラスメイトのエッセイにフィードバックを与えること**だった。

英語教師として何百、何千ものエッセイにフィードバックを提供してきた私にとっては、馴染みのある作業だった。私も作業に混ぜてもらうことにし、エッセイと採点ガイドに目を通す。

練習のフィードバックが始まると、まるで同僚たちと一緒にいるような気分になった。それほどまでに子どもたちは、**具体的かつ詳細で的確なフィードバックができていた**。みんなが見落としている点がないか探したが、ほとんどなかったくらいだ。

教師がオンライン上の共有フォルダにそれぞれのエッセイをどう採点したかを投稿するように指示し、グループのメンバーに理由の説明を求めた。グループ間で相違があれば、クラスで議論して全員が納得すると次のエッセイに進んでいった。

30分後には教室にいる子どもたち全員が、実際に教師が（私も）エッセイを採点するときのポイントの半分を押さえ、改善に向けて非常に具体的なフィードバックを提供できるようになっていた。

感心すると同時に、週末を延々エッセイの採点に費やしていた日々を思い出した。できるだけ役に立つコメントを書き込むのだが、たいていの生徒は点数だけ見てしまい（さらにひどいときにはゴミ箱に直行）、見返さない。苦労して書いたコメントは読まれずに、次に提出されたエッセイでまったく同じ誤りが繰り返されていることがよくあった。これではいけないと方法を変えて、生徒が最終の原稿を仕上げる前に個別にミーティングの場をもち、フィードバックを伝えるようにした。改善はされたものの、フィードバックを提供するのは常に私で、生徒たちは言われたところを直すだけ。やはり自主的な学びにはつながらない。

パッション・プロジェクトでは、フィードバックを子どもたちが提供する。求められていることを自分のものにし、内容を理解している分、自分に対するフィードバックもはるかに受け入れやすくなった。

そしてこの批評は下書きの初期段階で行われていた。完成作品に向けて子どもたちがもっとも学び、成長するタイミングだ。さらにその完成品は鑑賞されるだけでなく、同級生たちによって評価がつけられる。他の人の書いたものについて考えるプロセスを体験することで、生徒は自分の書いたものも推敲《すいこう》するようになり、文章の質が高まるのだ。

そのあと1時間クラスの様子を見て、また教える機会がほしい、と考えている私がいた。このやり方でフィードバックを扱ってみたかったのだ。

生徒のスキルを正しく評価する方法

私が教えていたときは、子どもたちは私がつけた成績を単なるアルファベットの文字としか受け止めていなかった。「Bをもらったんだ」という具合に。対してこのクラスの子どもたちは、成績というものをもう少し広い視野で捉え**「わたしの主張は6だけど、エビ**

デンスの選択は5だ」というふうになる。

かつての私の教え子たちは、成績をもらうと、よくても悪くても、それ以上できることはないと考えていた。私が書いたコメントの内容にも注意が向いていなかったように思う。何を問題視しているのか、どう変えるとよいのかを考えてもらえず、私は自分がいかに無力かを思い知らされた。それと同時に、私自身、子どものときは同じような反応をしていたので、生徒たちの気持ちもわかった。

対していま目の前にいる生徒たちはどうだろう。受け取ったフィードバックを見て一生懸命考えている。ほかの人たちの文章で見た内容を消化し、自分の作業にどう応用すればいいのかを探っているのだ。その作業を行う時間を与えられ、文章をよくするインセンティブもあり、モチベーションを高めている。

私が教えていたときは、子どもたちは成績が「自分」を表すもの、という受け取め方をしていた。**だが、いま見ているクラスでは、点数というのは、ある時間での特定のスキルがどのくらいかというレベルを示すものでしかないと理解している。もし気に入らなければ、変えていくこともできるのだ。**

省察はサミットのどのクラスでも毎日行われているもので、すべてのスキルにおいて学びと成長に不可欠だ。ゴール設定の重要な部分であり、自己主導性サイクルにおいても大切な位置を占める。

振り返るときのポイントは、次のゴールを設定することだ。そこに改善と進歩が生まれる。

こんな「いい質問」が生徒を成長させる

このクラスの例でいうと、全員が作業をTEDトークに発展させるというゴールを設定していた。下書きを予め全部つくってきた子もいたし、部分的にだけだったり、まったく準備してこない子もいた。どのケースでも、修正やフィードバックの恩恵を受けられる。

下書きがない子たちは何が求められているのかを理解でき、同級生の中での自分の立ち位置もわかって、書き始めるのを後押しされた。またグループのメンバーからとりあえずやってみるよう励まされ、教師からも個別にメンタリングを受けて、「なぜ計画を実行に移していないのか」「どうすれば進められるのか」を考える手助けをしてもらう。

ヘルナンデス先生は、**子どもたち自身に「自分が求める結果」と「そのためにつくった計画」を認識させ、達成に向けて何が妨げになっているのかを考えさせた。**子どもたち自身の感情や行動にも目を向けさせ、他の人の気持ちになってものごとを見るように仕向けた……先生自身を含めて。そのために、次のような質問を使った。

「このプロジェクトであなた以外に影響を受ける人はいますか？　どんなふうに？」

答えは全員イエスであり、理由はさまざまだった。

「学校での成果が母親に影響を与える息子には教育を受けて成功してほしいと願っているから」

「プロジェクトのテーマとなっている対象に影響を与える」

といった具合に。

後者ならたとえば、「なぜスノーボードに新たなオリンピック種目が必要なのか」は、世界中の高い志を持つスノーボーダーたちを後押しする、となる。「ツキノワグマと私」なら絶滅寸前の種の保護に役立つ。どちらのケースでも、生徒はゴールを理解し、それが自分にとって大切な理由も、達成するための具体的な計画も把握していた。

省察の練習が不足した状態では、アメリカの伝統的な成績モデルは、十分とはいえない。**過去に課題を完成しなかった子どもに使っていたツール**（**ゼロやFをつけ、遅刻すると点数を引く**）**は、学びのツールとはいえなかった。**

かつての私のやり方は子どもたちの文章力を高めるのに役立っていなかったし、「自分の学びに責任を持つ」という議論にもつながらなかった。早い話が、子どもたちにとって私はメンターではなかったのだ。

「お礼の手紙を書く」のも立派なトレーニング

その日の晩、10日間の旅行に一緒に連れていってくれた友だちのお母さんにお礼状を書くのを忘れないよう、私はレットに声をかけた。12歳の息子はレゴで遊んでいて、中断したくなさそうだった。私自身、子どものときはお礼状を書くのが嫌いだったので、厳しく言いながらもその気持ちも理解できた。

「そんなに時間はかからないから、すぐにやりなさい。感謝は大切よ」

溜息《ためいき》をつきながらもレットはお礼状を書き、封をする前に見せてくれた。

リーラへ

アレックスのイーグル・スカウト・プロジェクトに一緒に連れていってくれてありがとうございました。とても楽しかったです。

レットより

うーん。まったく駄目だとはいわないが、その気になればもう少し書けるはずだし、これではどれほどすばらしい体験をしたのかが伝わってこない。ただ、言い合いになるのは避け、生産的な会話にもっていきたかった。

どうすればいいだろう。頭の中をこの質問が駆け巡り、私はカードを何度か読み返した。するど、その日のパッション・プロジェクトからアイデアがひらめいた。

「カードを書いてくれて、ありがとう。で、ちょっと思ったんだけど、どうしてリーラにこのカードを送るの？」

「お母さんが言ったからだよ」

「確かにそうね。すごく楽しい旅行に連れていってくれたわけだから、お礼状を書くように言った。でも、それ以外にはどうして？」

レットは少し考えてから答えた。

「リーラには本当に感謝してるんだ。ぼくたちに忍耐強く接してくれて、楽しく過ごせるようにいろいろ準備もしてくれた。ぼくが気持ち悪くなったときも面倒をみてくれたし」

「うん、わかった。それでリーラはレットがそう思っているのを知ってると思う？」

「空港でお礼を言ったからね」そう答えてから、彼は小さな声でつけ足した。

「でもすごく疲れてたから、もしかしたら言わなかったかも」

「でも、感謝しているのは知ってほしいのよね？」

「うん、まあね」

「つまりリーラに対して、今回お世話になって感謝していることを、きちんと伝えたいのね。すこし時間をかける甲斐《かい》のあることじゃない？」

レットは頷いた。

「もうひとつ訊きたいんだけど、さっき書いた文章で言いたいことは伝わっている？」

「うん」彼はすぐにはっきりと言った。

「本当に？　もう1回読んでみなさい」私は彼にカードを渡した。

「声に出して読んで聞かせてもらえる？」

彼が読み終えると、訊いてみた。

「学校で、何かを主張するのにエビデンスでサポートする練習、しているでしょう？」

レットは当時サミットの中等部に通っていた。

「うん」

「**これも、同じスキルじゃない？**　リーラが骨を折ってくれて、すばらしい体験をさせてくれたことに感謝している、と主張しようとしているんでしょう？」

「うん」

「学校の採点ガイドを使っていまのお礼状を見たら、どう評価する？」

レットはしぶしぶ、という様子で言った。

「2だね」

「学校ではいま、どこを目指しているの？」

「5……そうか、わかった。書き直すよ」

彼が部屋を出た途端に、私はガッツポーズだ。子育てをしていて、こんなに何かがうまくいくことは、そうそうない。**イライラせずに穏やかなままで、サミットで日々使っている質問ツールをいくつか使えば、母親としても成長できる。**

「メンターとしての親」のためのサミット流「7つの質問」

保護者は、自分がメンターの役割を果たせるようぜひ意識してほしい。

私たちは子どもに信頼されていたいと思っている。食べさせ、お風呂にいれ、着替えさせ、守り、育み、教え、遊んできた何年にもわたる行為すべてが、信頼を築くものだ。ただメンターの役割というのは、思った以上に難しい。**子どもに関してはつい夢中になり、感情が動くので、一歩引くことができなくなるからだ。**

私がレットとの関係でいつも意識しているのは、自分の感情を横に置いて、シンプルに彼と向き合うことだ。親がわが子の話に耳を傾け、誠実な質問をしてあげると、子ども自身がその状況における自分の理論と感情を理解しやすくなる。話を遮《さえぎ》ったり非難したりするのを避けられれば、**子ども自身の結論と判断**を引き出せる。それは、私の存在なしには辿り着けなかっただろうが、私のものではない。

サミットのメンターがいつも使っている質問がいくつかあるので、息子と向き合っているときにもそれを思い出すようにしている。自由回答形式の質問で、思慮深い答えを求めるものだ。

1　この状況で、何を求めているのか

2　どう感じているか

3　どういう態度をとっているか

4　何がうまくいっていて、何がうまくいっていないのか。理由は？

5　相手の立場になって考えるとどうか？　どう感じていると思うか？

6　求める結果を出すために、何ができるか

7　関係を正すために、やらなければならないことはないか

子ども同士のもめごとが起きたら「書くこと」で解決

私たちは省察の質問を口頭でも使うが、書面でも使っている。**ふたり以上の子ども同士の対立を調整するときには、文章を書いてもらうのがとくに効果的だ。**

一例を紹介しよう。ジャスティンは会議室の椅子に座っていた。左足のかかとで床をトントンと叩き、両手で髪をかきむしっている。彼女の視線は、目の前の机に置かれたピンク色の用紙に注がれている。私が部屋に入って隣に座っても、反応しない。見るからに動揺しているので、私はいることがわかる程度に近く、だが彼女が自分のスペースを確保できる程度には離れて座って、待った。

数分後、彼女はこちらを向くと、燃えるような目をしながら挑《いど》むような口調で言った。

「私は、なにも悪いことしていません」

私は意図的にオープンなボディーランゲージで、両足を床につけて彼女のほうを向いて座っていた。穏やかに、自然なトーンで話しかける。

「私は何があったのか知らないので、理解したいと思っているの。その用紙の質問に答える形で、どう思っているか書いてもらえないかしら。それから話をしましょう」

「ペンを持っていません」

「それは大丈夫」

私はペンを渡した。廊下の先の部屋では、ケリーが同じような会話をエステルと行っていた。10分くらい経ってジャスティンが書き終えると、私は最初の質問の答えを共有してくれるように言った。

「何があったのか、説明してください」

彼女は、ほとんど吐き捨てるような調子で言った。

「エステルが陰で私のことを悪く言っていて。そういう態度を我慢するつもりはないので、何をしているのか知っているし、2度としないように、と面と向かって言いました。そうしたら、急に向こうがわめき出したんです」

「いまは、どんな気持ち？」

「ムカつ……怒っています」

「ほかにはどう感じている？」私は促した。

「大事にされていないと」

「その根底にある気持ちはどう？」

「どういうことですか？」

「大事にされていない。それで傷ついている？　無防備な感じがする？　不満を感じる？

それとも何か別のことを感じる？」

彼女は少し考えて、目を伏せた。

「友だちのはずなのに。友だちはお互いのことを悪く言ったりしません」

私は励ますように彼女を見た。

「でもエステルは陰口を……だから私、彼女に対して怒っています。つまり、もう……私
……彼女を信頼できません」

「そして、それはどんな気持ち？」

「もう友だちでいられない、という感じです」

「悲しいみたいね」

彼女はゆっくり頷く。私は彼女の視線を捕《と》らえ、それからピンクの用紙に目を落とした。

「エステルの立場から、何があったのか説明してくれる？」

この質問に対しては、解答欄に「同じ」と書かれていた。さらに10分間ほど話をすると、ジャスティンは、エステルが彼女のことを話していると「人に聞いた」だけの状態で本人に詰め寄り、エステルはそのことを否定したのがわかった。

次の質問は**「この状況で、あなたの役割は？」**だ。ここでジャスティンは、自分がエス

テルに対して聞く耳を持たず、攻撃的な態度で詰め寄ったことが、彼女が声を張り上げる結果につながったことに思い至った。

だいぶ落ち着き、状況を冷静に考えることができるようになったジャスティンは、「エステルの言い分はどうなんだろう」と声に出して言った。そしてエステルが彼女のことを悪く言っていなかった可能性があることを、しぶしぶ認めた。「もしそうだとしたら、してもいないことを非難されるのはすごく嫌だと思う」ということまで口にした。そこからはエステルに対して知ってほしいこと、どうすれば状況を修復できるかを一緒に考えた。

数分後、私たちはケリーと同じ作業をしていたエステルと合流した。ケリーと私が促《うなが》しててサポートをし、ふたりは自分たちの質問と答えを話し合った。**文書に沿って進めていたため、怒ったり大声を出したりという事態にはならず、お互いの言い分を聞き、とうとう関係を修復する**という大変な作業をやり遂げることができた。

たいていの学校では、子どもふたりが怒鳴り合いになると、大人は誰も気がつかないか、気づいた場合にはふたりとも叱ってなにか罰を与える。だが残念なことに、それでは人間関係の問題には対処していない。

最近では喧嘩の動画がSNSに露出することも少なくなく、そうなると他の生徒も巻き込んで激しい交戦が繰り広げられ、事態はさらに悪化する。

意見が合わなかったり、怒りを感じたり、傷ついたり、ほかの人を傷つけたりするのが人間だ。だからこそ後戻りできないところまでいく前に人間関係の亀裂を修復するのが健全で、その過程でむしろ関係は強化される。そのやり方を学ぶのはとても重要だ。

多くの子どもたちと同様に、私も**人間関係の修復方法を両親からは学ばなかった。**それがサミットの子どもたちと一緒に、自分も学んでいるのだと気づかされたのである。**ピンクの省察シート**は、人間関係の修復に関する基本的な科学を採り入れたものだ。設問は、**「相手の立場で考えること」「自分の感情に触れること」「事実をはっきりと説明すること」「解決に向けてできること」**の4つを探るよう促す内容になっている。

だが、これはあくまでツールに過ぎない。サポートし、指導し、質問をし、鏡を掲げて自分の姿が見えるようにしてあげるメンターがいなければ、成長は見込めないのだ。

こうした作業は時間がかかり、疲れる。ほとんどの人は対立を好まず、できれば避けるか、なるべく早くそこから離れたいと思うだろう。とくに大規模な学校では、人には関わるより避けるほうが楽だ。それができなくなるときまでは。

子どもが健全な人間関係を築けるようにするのは、従来は学校の領域ではなかったので、引き受けるのなら責任を持たなくてはならない。すべての人間関係を大切にするコミュニティーを学校がつくる必要がある。**人間関係のスキルを身につけるのは大人になる**

ための準備の一部だとみんなが認識し、それを育むための体制と追求する時間が用意されていなければ、うまくいかない。

学校がメンタリングや省察に責任を持つと、子どもたちは対人スキルを身につけ、安心できるだけではなく、さらに多くの恩恵を受けられる。**自分が何者かをより深く理解し、自己意識を持ち始めるのだ。**

自分に向いている仕事を見定める方法

私は最近、1対1の個人指導セッションを観察する機会があった。

デイビッドはちょうど私たちが**「エクスペディション（探検）」と称しているインターンシップ**を体験したところだった。**子どもたちは興味のある分野を深く掘り下げる学習を、年間を通じて一定期間行っていい**ことになっている。

デイビッドは高校3年生で、以前のエクスペディションでソフトウェアのプログラミングを学び、さらに興味を持ったため、地元の大手テクノロジー企業のインターンシップを通じてより深く追求することにしたのだ。直近のエクスペディションでは、その企業のエンジニアリング・チームに組み込まれた。私が観察した日、彼はメンターとその体験を振り返っていた。

「インターンシップのゴールは何だったんだい？」メンターのリー先生が質問する。

「大学で何を勉強したいか、考えることです。プログラマーは高収入の仕事ですが、ぼくがやりたいことなのかどうか、試してみたいと思いました」

「インターンシップ体験でうまくいったこと、どうしてうまくいったのかを話してもらえる？」

「会社はとても楽しかったです」デイビッドは言った。

「驚きました。無料の食べ物や、スナック、すばらしいテクノロジー、散髪もタダでできますし、ジムやバレーボールのコートもありました」

「わかった」リー先生はにっこりして言った。

「テクノロジー会社の快適さが気に入ったんだね。もっと他にもよかったところはある？」

「ええ。確かに快適で、それもよかったんですが、もっと気に入ったのは、**敬意を払ってもらえるところ**です。だってみんなが、ぼくたちインターンでもやるべきことをわかっていて、やってくれると信頼してくれました。ぼくたちの気が散らないように気を配ってくれ、作業に必要なものがすべて揃うようにしてくれました。プロのように敬意を払ってもらえて、自分で判断できるのは嬉しかったです」

「それはすばらしい。他にうまくいったことは？」

「**チーム・ミーティングは大好きでした。まず問題提起があって、みんながその解決に向かっていくところがとくに。**問題は興味深くて、ぼくには解決できる方法があるとは思いつかないことがほとんどでした。みんながクリエイティブなアイデアを出すのを聞いているのは、面白かったです。ひどいものもありましたが、いいアイデアも出てきました」

「ミーティングが気に入ったんだね。何を〝**している（ings）とき**〟が楽しかった？たとえば、確か問題解決をしているとき、と言っていたと思うけど」

「そうですね。問題解決のために**ブレインストーミングをしているとき**は、創造力を発揮できていると感じました。みんなでアイデアを出し合うのは楽しかったです」

「なるほど。問題解決をしているとき、みんなと作業をしているとき、ブレインストーミングをしているとき、創造的な発想をしているときか。うまくいかなかったことはある？」

「プログラミングです……」デイビッドは深い溜息をついた。

「へえ、そうだったんだ。説明してもらえる？」

「**何時間もコンピューターの前に座ってひとりで作業をするのは、苦痛でした。**まだあまりうまくないのはわかっていますが、うまくなったとしても、ずっとその作業をするのは想像できません。でも話をしたエンジニアの人たちは、だいたいはみんな、その仕事が大好きでした。自分のお気に入りの時間なんです」

「それは、参考になるね。それで、具体的には何が苦手だったの？」

「長時間、ひとりで作業をすることです。ずっと作業をしなくちゃいけないうえに、すこしでも何かが違うとうまく作動しない、というのが嫌でした。イライラしてきました」

「そうか。長時間ひとりで作業をするのは苦手だということを学んだんだね。それに厳密な精度を求められる仕事も」

「はい。でもエンジニアではない役割のことも、学びました。プロダクト・マネジャーです。彼らはエンジニアと一緒に仕事をしていて、基本的なプログラミングも理解しています。**人の役に立つようにテクノロジーが解決しようとしている問題を、実現可能なものにしていく仕事**です。すべてのミーティングに参加しているので、何人かとお話しました」

"ings"（しているとき）に注目せよ

デイビッドがプログラミングに関する自分の気持ちを、**高額な授業料を払って大学で専攻している最中ではなく、高校での6週間のエクスペディションで学べたことは非常に大きな成果**だ。

それでも、彼のインターンシップを失敗だと考える人は多い。デイビッドは何を専攻したいのか、どういうキャリアを目指したいのかを決められてはいない。実際、「エンジニアになりたい？」という一般的な質問を受けていたなら、彼の答えは「いいえ」になるだろう。

だが、この議論には大切な視点が抜け落ちている。

「何をしたい？」「どんなキャリアを目指している？」「何を専攻したい？」

これらは一般的な質問で、返ってくる答えも一般的になる。子どもたちはこれという答えを用意し、それを繰り返す。「お医者さん」「弁護士」「学校の先生」などだ。リー先生とデイビッドの場合にも同じような会話もあり得ただろうが、そうではなく彼らは省察し、職業に対する意識を掘り下げ、この体験からの**本人の学び**を引き出している。

自分が何かを「しているとき」どう感じるかに注目するよう促すことで、メンターは**本人に独自の細かい興味**を自覚させている。それが積み上がると個性や嗜好《しこう》になり、自分自身にとって目的と意義のある仕事は何か理解することにつながるのだ。

私自身、メンタリングを学んだことでレットとの関係がよい方向に変化した。いまでは「将来何になりたい？」「どの科目が好き？」といった質問の代わりに、次のように問いかけている。

「何をしているときが好き？」

「その中でとくにどの部分が好きなの？」

その過程で、私たちが〝**ｉｎｇｓ言葉**〟と呼んでいるものが出てくる。経験を積んでいくと、〝ｉｎｇｓ言葉〟がどんどん増えていき、パターンが見えてくる。

将来を考えるときには、特定の仕事につながる特定のプログラムを探すのではなく、レットにとって大切なさまざまなことについて話し、それを実現できる具体的なものはないかを探る。

今日あるキャリアも明日にはなくなるような急速に変化している世の中でも、この考え方なら私は安心していられる。レット自身が、〝ｉｎｇｓ〟の形で、何を見ればいいのかわかっていて、習慣やスキルを身につけているからだ。

まだ発明されていないものかもしれないが、彼にとってちょうどいいものがいずれ見つかるだろう。

第7章

「競争力」ではなく「協力するスキル」を

新入生にとってクラスメイトと初めて顔を合わせるオリエンテーションは緊張するもの。学校にとっても、**どんな学生生活を送れるか、送ってほしいのかというメッセージを伝える重要な場**だ。

サミットでは、オリエンテーションの際にさまざまなアクティビティを準備していた。そのどれも私は大好きだが、とくにお気に入りなのが**「風船アクティビティ」**だ。

今年、私はロドリゲス先生と組んで進行役をつとめた。机を端に寄せ、教室の真ん中にスペースをつくり、山のようなブルーの風船で埋めておく。子どもたちが入ってくると、それぞれに削りたてのまっさらな鉛筆を手渡し、風船をひとつ持つように指示した。

高校生でさえ、尖った鉛筆と風船を持てばうずうずしてくる。ロドリゲス先生はすぐに始めた。

「さあ、円になって。ゲームを始めます。**いま手にしている風船が1分間割れずに無事な**

ら、勝ち。賞品が出ます。では、開始！」

たちまち教室は大騒ぎ。子どもたちは互いの風船をどんどん割っていき、笑い声や風船の割れる音が響きわたる。机の下に隠れる子、そこに攻め込んでいく子もいた。最初は気乗りしなさそうにしていた子たちもあっという間に参戦し、自分の風船を必死で守ろうとしている。しばらくして終了を告げた。

「もとに戻って。何が行われたのか、話し合いましょう」

子どもたちは円になり、キョロキョロと残った風船、勝者を探した。アドレナリンや興奮が落ちついてくると、不思議そうな顔をする子たちが出てきた。

「勝った人はいないんだ。風船は全部割れちゃってる」

ひとりの子が残念そうに言った。彼女はずっと机の下にいたが、横から風船を突かれてしまっていた。

「残った風船がないなら、いちばん多く割った人を勝ちにすれば？」

とくに威勢のいい男の子が提案した。彼は実際かなり多くの風船を割っていた。

「確かに。ぼくは7つ割ったよ」

別の子が言った。続いて何人かが、割った風船の数を自己申告した。

「**勝つためには、誰かの風船を割らなきゃいけないとは、言っていないよ**」

ロドリゲス先生は穏やかに言った。

「え、どういうこと？」

ジミーが聞き返す。前日、私がすでに話をしたことのある子だった。

「誰も他の人の風船を割らなければ」ジミーは続けた。

「誰が勝ちになるんですか？」

「**全員だよ**」

ロドリゲス先生はそう告げると、みんなが意味を理解するよう間をとった。子どもたちがぶつぶつ言いながら考え始める。全員が勝つシナリオを想像しようとして……やや苦労していた。

ロドリゲス先生はみんなに座るように言い、私たちはふたりで学校の説明を始めた。

私たちは、それぞれ違う長期的なゴールや道、スキルやニーズを持っている人たちが集まったコミュニティーだ。成功の姿も人によって違い、他人を犠牲にすることもない。

みんなが成功し、その過程でほかの人が成功するのを、互いに助け合っていける。

みんなといったらみんな

サミットに子どもを入学させた保護者は、全員私か、あるいは私のチームのメンバーと話をする。そのときに、こう言う人はまずいない。

「うちの子は卒業できなくても、大学に進めなくても、いい人生を送れなくてもいいんです。気にしないでください。落第する子もいるでしょうから、それがうちの子でも構いません」

まったく逆で、教育者として仕事をしてきて30年近く経つが、**自分の子どもが成功しなくていいなどという保護者には1度もお目にかかったことはない。**私は保護者一人ひとりの目を見て、「お子さんはその準備ができます」と約束してきた。全体の5パーセントでもなければ90パーセントでもなく、**100パーセントのお子さんだ。**

サミットは、勝者と敗者がわかれるような学校であってはならない。従来の学校のように、「大学準備クラスは一部の生徒たちだけのもので、子どもたちはGPA（成績評価平均値）システムでランク付けされ、トップにいる子たちは他の子たちの恩恵を受ける」という学校であってはならない。

子どもたち全員を必要な分野すべてにおいて準備させようとするなら、日々どの時間も学んでもらわなくてはならない。教師からだけではなく、お互いからもだ。そのためにはみんなが協力し、互いにサポートし合い、自分たちはチームメイト同士だと捉《とら》えるカルチャーを築かなければならない。

風船のアクティビティは、私たちのやろうとしていることをわかりやすく説明するためのものだった。ほとんどの子どもは直感的に、「成功するには競わなくてはならない」と考えた。私たちが介入して違うやり方を示さなければ、学校でも教室でも負ける子が出てきて、それでは約束と違ってしまう。

協力が競争よりも優位である理由

「競争ではなく協力」カルチャーの恩恵は、子どもたち全員の準備を整えることだけにとどまらない。

サミット創設時の保護者たちは、ほとんどが専門技能を持つプロフェッショナルか経営者だった。彼らは自分たちの経験から**「経営者が求めるスキル――複雑な問題解決、他者との共同作業、感情的知性――が身につくかは、他人とうまく協動できるかにかかっている」**とわかっていた。

これはシリコンバレーに特有の傾向ではない。産業を問わず、成功している企業には協力のカルチャーがあり、さまざまな研究や調査がそれを証明している。

その中のひとつによると、**個人で判断したときに比べると、チームで判断したときのほうが、66パーセントの確率でいい結果が出ていた**。そしてチームが多様化し、さまざまな年齢、ジェンダー、地理的ロケーションの人たちが集まると、その確率は87パーセントにまで高まった(1)。

問題は、協力は職場でも学校でも、**自然に発生するものではない**ことだ。職場や学校は本質的に競争のカルチャーを抱えている。学校は子どもたちを選別し、どの子たちが大切なスキルを最もよく身につけているかを判断し、その少数の子たちが人生の別の機会に進めるように計画されてきた。

このシステムが出現したときはそれでよかっただろう。さまざまな道はそれぞれの展望や結果につながり、どの道に進んでもその先には充実した人生への可能性が開けていたからだ。

だが、現代ではそうはいかない。高校中退、高校卒業、大学卒業は、経済的な貧しさ、豊かさにはっきりとつながり、その格差は日々広がっていく。

成功しているビジネス・リーダーにサミットでインタビューする機会があったとき、こういう話があった。

「中国のほうが、アメリカよりも優秀な生徒の比率が高い」

統計が正しいのかどうかはともかく、この言葉はそのあとずっと私の心に引っかかり続けた。自分の子どもを犠牲にしていいという保護者はいないとはいえ、その概念がグローバルにはどういう意味をもつかまでは考えていなかった。

人口が私たちより多い国と競うのに、国内で犠牲になる子どもたちを出していいのだろうか？　全員の力が必要ではないだろうか？

コンセンサスか、多数決の原理か

サミット創業時に校長を引き受けたとき、生まれて初めて雇用主になった。チームを率いて何もないところから学校をつくるというのは、もしその学校が自分の信じる場にならなければ、自分以外には責める相手はいないことを意味する。

最初のころの理事会でそう話したところ、メンバーのひとりが賢明にもこう言ってくれた。

「組織にはカルチャーが生まれます。いまあなたのおっしゃった、あなたが決めてあなたが責任を負うというカルチャーは、あなたがサミットに望んでいるものですか？」

目が覚める思いだった。チームや組織づくりのツールや知恵をもつ、知識豊富な思慮深いリーダーたちのサポートを受けられ、私は本当に運がよかった。

校舎となる建物を探すことや教師の採用、生徒の受け入れ、すべてが不安だった。教師を雇って給与を払えなければ、そもそも学校が成り立たない。だからチームについては、あとで考えようと思っていたのだ。

それは大きな間違いだった。ありがたいことに、サミットの理事たちは最初からきちんと組織づくりをすることの重要性を理解していたのだ。そして私の時間の一部をそこに向けるよう、常に求めてくれた。

私たちは同意するところから始めた。かつて教師として教えていたとき、私が繰り返し不満を感じていたのは、アメリカでは自然に行われている**多数決原理の弊害**だった。どこが問題かというと、**反対意見の人は、多数の人の意見に従う気になれない点だ。それどころか、できれば妨害したいとさえ感じる。**

私はこの現象を、ホーソーンあるいはマウンテン・ビューで繰り返し見てきた。たとえばある教科書を採用する、特定のゴールに集中する、といった決定がなされると、一部の教師が「ぼくはそのやり方に投票していない」と言い出す。そして教室のドアを閉め、自分の好きなやり方をする。教育の現場ではあまりによく見られるので、この現象を表すフレーズもあるほどだ。

「これもいずれは終わるので、待っていよう」

いちばんいいのは、満場一致で合意することだ。全員が自分の求めているものを手に入れるというわけではなく――むしろ、誰も満足しないことも多い――全員が同じくらい賛成していることでもない。とはいえ、**ともかく同意が得られるというのは、その決定をみんながサポートし、集団として責任を負う**ことを意味する。

サミットの最初の教員は7人のチームだった。アメリカにおける一般的な公立学校の教員構成と比べると（76パーセントが女性、80パーセントが白人）、私たちは多様性に富んでいた。女性4名に男性3名、年齢は20代前半から40代後半にわたり、白人が4人、ラテンアメリカ人がひとり、アジア人がひとり、ひとりは複数人種のミックスだった。

これは**意図的**で、7人でスタートしたチームが、現在の250人以上になってからも変わらない。**多様性のあるチームのほうが優れた判断ができるうえに、子どもたちにとっても変化が早い世の中に対応するのに役立つ。**

年数が経ち、サミットの卒業生が大学での体験を話してくれるにつれ、このことの正しさが証明された。彼らは口を揃えて言うのだ――。

「自分とは違うタイプの人たちと4年間友情を育み、関係を築いたことがとてもよかった」

大学では、他の人たちがその点で戸惑っているのを見てきたという。多くの学生にとっては、寮でルームメートと一緒に暮らすのが、違うタイプの人と接する初めての体験であり、とても苦労するというのだ。

対照的に、サミットの卒業生たちは、さまざまなバックグラウンドをもつ人たちと密接に過ごしてきて、そうした複雑さが人間関係にもたらすダイナミズムにも慣れている。

組織がうまくいくまでの4段階

心理学者のブルース・タックマンの有名な理論によれば、組織が固まり、うまく機能するまでには、次の4段階があるという。すなわち、形成期（Forming）、混乱期（Storming）、統一期（Norming）、機能期（Performing）の4つだ。

2003年の夏、お互いの違いはたいして気にならなかった。サミットのスタッフはチームを形成する最初のフェーズにいた。**「形成期」**と呼ぶ段階だ。

自分たちの思い描く学校をつくろうとしていた私たちは**期待に満ち、楽観的**だった。やることは山積みだったが、みんなで一緒に立ち向かえるのは楽しかった。過去に教師をしていたときには、それぞれが孤独な作業を体験していたのでなおさらだ。ときおり誰かが他の人の神経を逆なでするようなこともあったが、基本的に互いに敬意を払っていたので、そうしたことは受け流して先へと進んでいけた。

だが、**子どもたちが入学してくると様相が一変**した。ここから私たちはふたつ目の段階である**「混乱期」**に入ることになる。

学校が始まって2週目だった。私たちは毎日2時間から4時間チームで集まっていたが、それでも真新しい学校を運営していくのに必要な決定をすべて行うには、時間が足りなかった。

私たちは従来の学校とは違う結果を求めていて（すべての子どもたちが成功する手助けをする）、したがって従来とは違うカルチャー（競争ではなく、協力）を追求していたので、過去の対処法をそのまま使うというわけにはいかなかった。ランチをどう提供するか、成績をどう計算するか、といったこと一つひとつを、私たちの価値観に合うように、そして求めるゴールに向かうように、計画していかなくてはならない。

全員が睡眠不足になりながら、子どもたちとの関係を築くために1日中懸命に働いていた。当然ストレスもたまる。

そんなある日のことだった。ミーティングの開始予定時刻から5分が経過し、みんなが席についているなか、アダムの姿だけはなかった。また遅刻だ。

ケリーは目に見えて苛ついていた。「いつも遅れるわよね」。彼女が小声で言ったタイミングで、アダムが入ってきた。大ごとになるかもしれないと察し、私はアダムに私たちの基本理念のひとつである敬意を忘れないようにと忠告した。時間通りに開始し、時間通りに終了するのも、敬意の表れだと。アダムはみんなに向かって言った。

「すみません。やることがあまりにも多くて、すこしの時間も無駄にできなくて。それでみんながミーティングを始める準備ができている状態で、参加するようにしていました」

ケリーはもう爆発寸前。

「つまり、ここに座って時間を無駄にして、あなたが入ってくる準備を整えておけってこと？　それって公平だと思う？」

当時、私はチームが生産的かつ協力的なリズムを確立するまでに通り抜けるフェーズについて理解していなかった。理解していたなら、そのときの**不穏な雰囲気**――あるいは「混乱期」――を、もっと余裕を持って受け入れ、生産性を促進できていただろうと思う。

意見がまとまらないときの最強ツール「決定グリッド」

チームが通る3つ目のフェーズ「**統一期**」に、アダム、ケリー、チームのみんなと私は、専門家の手を借りてチームで動くための基本的なツールについて学び、採り入れた。

それは、**効率よく一緒に働けるよう、共通の価値観を冊子にまとめること**だった。

「時間通りに開始し、時間通りに終了する」も冊子に入ると、それはやがてマントラとなり、最終的にはいまでも続いているカルチャーのひとつとなった。

シンプルだが強力な「**決定グリッド**」もつくった。みんなが同意している場合には、意思決定も簡単だ。だが効率的にものごとを決める仕組みがないと、反対意見が出たとたんにみんながバラバラになってしまう。

私たちの決定グリッドは明確かつ透明性をもって、次の区分を示している。

- **誰がどの決定を行うのか（D）**
- **誰がその決定を拒否することができるのか（V）**
- **誰が決定に対して提案をできるのか（P）**
- **誰が情報の提供をできるのか（I）**

私たちは大切な決定は総意によって下したいと考え、だが同時に、日々非常に多くのことを決めなければならない、という現実も認識していた。そこで決定プロセスを次のようにした。

- **決定する権利を持つ人（D）が意見の一致を目指す**
- **それが速やかにいかなかったり、あるいは単に合意できなかったりした場合には、Dが決定を行い、みんなはその決定に従う**

決定グリッド

この表は、複数の検討事項を決定するときに、
それぞれの役割を記録するのに役立つ。

	関係者1	関係者2	関係者3	関係者4	関係者5
検討事項A	D	I	V	P	MBI
検討事項B	MBI	D	P	V	I

役割の一覧
D=Decision(決定):決定を行う人
P=Proposal(提案):提案に関わる人
I=Input(インプット):情報を提供する人
V=Veto(拒否):決定を拒否できる人
MBI= Must Be Informed(要伝達):決定を知らされる人

このシンプルなやり方で、私たちの動きは大幅に変わった。

もし誰かがある事項に対して強い想いをもっているが「D」ではない場合、説得力のある説明をしてみんなを巻き込もうとするインセンティブは働くが、頑《かたく》なに譲歩しない態度をとっても意味はなくなる。

さらに、仮にその人が「D」であったとしても、自分の判断に対してみんなの意見の一致を求めなければ、他の人たちは他の決定事項にその人に参加してもらいたがらなくなる。

ほどなく明らかになったの

は、**「すべての事柄について決定権をもちたいと思う人はいない」**ということだった。だがみんな、**「誰が決めるのか、どう決められたのか、そこでの自分の役割については、知りたい」**と思っている。これは私にとって興味深い、重要な発見だった。

それまで私は、みんながすべての決定権をもちたいと考えているものだと思ってきた。だが教員も、子どもたちも、そうは考えていなかったのだ。**みんな、自分にとって大切なことは決めたいが、それ以外については、どう関わればいいのかを知りたいだけ**なのである。

この「統一期」フェーズにはさまざまな作業が発生したが、この決定グリッドやシンプルなツールはおおいに役立った。私たちが今日《こんにち》に至るまで、ずっと使い続けているものでもある。

チームが輝くとき

秋には、私たちは4つ目の**最終フェーズ「機能期」**に入った。つまりチームとしてうまく機能するようになった、ということだ。

この4つのフェーズを素早く進み切るチームもあれば、時間がかかったり、立ち止まったりするチームもあるだろう。後戻りしたり、まわり道をしたりすることもあるかもしれない。それでも、最終的にはどのチームもすべてのフェーズを経験することになる。

こうした段階があることを知っておくだけで、心持ちがまったく変わってくるはずだ。とくに礼儀正しく自己紹介をする「形成期」から、もう少し不穏な「混乱期」に移行するタイミングがあるのだと知っているだけでも、備えになる。**嵐が来ると知っていれば心の準備ができるし、その嵐もチームの完成に向けて結束を強くする糧《かて》になるのだと理解しているグループのほうが、そうした知識がないグループより順調に進める**のだ。

混乱が生じるのは自然なことだと理解していないと、そこでバラバラになり、失敗を宣言してしまうことになりかねない。

それは私たちだけでなく、子どもも同じこと。協力して一緒に何かができるようになるためには、大人も子どもも同じスキルが必要だと気づいた。

だからなのだ。自分たちの学びを、子どもたちにも教えることにしたのは。

十代の生徒にチームプレーを学ばせる最適な例

子どもたちのことは大好きでも、権限を持たせるのは正直とても怖かった。**ティーンエイジャーの脳はまだ発達段階にあり、生物学的にみてよい判断をするための神経連絡も発達中**なのだ。とはいえ、協力することを本当に学ばせようと思えば、現実に意味のある決定権を与えなければならない。

最初の学校を開校するにあたって、私たちチームは、子どもたちが興味をもちそうなこと――学校の名前やスクールカラーなど――について、おおむね決めていた。残っていたのは、マスコットだ。これは絶好のチャンスだった。

私たちは子どもたちに、サミットの1期生として彼らがマスコットを選べると告げた。そして決定グリッドを紹介し、彼らがグループとして「D」だとも説明した。

加えてその責任の重大さも強調した。これから先ずっと受け継がれていくものなので、未来の子どもたちのことも考えなくてはならない。同時に、学校のアイデンティティを反映したものでなくてはならない、と。

最後に、全員一致で決めることと、多数決で決めることの違いを説明した。マスコットに関しては、全員が同意する必要がある。**ひとり残らず「いいね」と意思表明しない限りは、先には進めない**。「よくない」と表明する権利は誰にでもあるが、その場合はさらによくする提案をしなければならない。

私たち教員は「V」になる。もちろんみんなが賛成している提案を拒否しようとは思わないが、その権利はあるということだ。そうであれば、**プロセスの段階から教員たちも巻き込むのが、生徒みんなにとって得策**だということになる。

意思決定を助ける質問は「魔法の杖が使えたら？」

私たちはじっくりとマスコット選びに取り組んだ。決定グリッドのほか、教員は意思決定や問題解決のツールとして、シンプルで効果的な〝**STP**〟を使っていたので、これも子どもたちに教えた。状況（Status）、ターゲット（Target）、提案（Proposal）の頭文字をとったアプローチだ。

STPを始めるにあたっては、**まず解決しようとしている問題を質問の形にする。**この場合だと「どうすれば現在、そして未来のサミットを表すマスコットを選べますか？」となる。

そして解決策を探っていくわけだが、その最初のステップ〝S〟が**「状況を確認する」**だ。ここでは、客観的な事実や意見を収集し、主観的な判断や編集は加えない。マスコットに関して子どもたちのもつさまざまな体験の違いが浮き彫りになるので、スタート地点の目安がつく。

考え方の多様性は驚くほどだった。ある子にとって学校のマスコットは自分自身の誇りとアイデンティティの重要な部分だった。自分が何かの一部だと実感させてくれるという。まったく違う見方をしている子たちもいた。マスコットを見てもそれが自分とつながっているという感覚は得られず、共鳴しないシンボルになぜ忠誠や絆を感じなければならないのか理解できない、という子もいた（中には不快感を覚えるという子たちまで）。

マスコットについてとくに考えたことがない、という子も多かった。マスコットというものの歴史に興味を持った子たちや、マスコットがいかに論争の的になり得るかを調べた子たちもいた。こうしたアプローチも含め、ほとんどの生徒はマスコット選びに真剣に取り組んでいたと言っていい。

次のステップは〝T〟の**「究極的なターゲットを定義する」**で、私たちが**「魔法の杖のステップ」**と呼んでいるステップだ。次の質問が使われる。

「もし魔法の杖を振って、最初の質問に完璧な答えを出せるとしたら、それは何になるだろう？」

最初子どもたちは、ターゲットが実際のマスコットだと考えていたので、**そうではなく最適解の基準だ**ということに気づかせるようにした。このステップは、特定のアイデアが最初の質問に対する最適な答えになっているかどうかを確認できるものだ。ここでは、「人々に私たちが何者で、何を大切にしているかを表すもの」「私たちが追求し、示したいと思っている性質をもっているもの」「時代を超越するもの」「絵やシンボルで表せるもの」などになる。

最後のステップ〝P〟は、現状からターゲットまでどう進むかの**「提案をつくる」**だ。もともと子どもたちはクラスで議論する練習をしていたので、それをクラスメイトたちの説得に活用した。月に1度の学校全体ミーティングでは、有機的にグループが形成され、それぞれからマスコット提案の発表が行われた。そしてフィードバックを受け、次のミーティングに向けて提案に調整を加えた。

あるグループはサムライ・リスのマスコットを提案した。クラスメイトたちは、その提案がターゲットの基準を満たすものかどうか、早速グループに問いただした。

「どういう意味？」

「そういう生き物はいないよね？」

「10年後に子どもたちが入学したときのことを考えてみて。サムライ・リスの意味がわかると思う？」

リスのサポーターたちは意見を述べたもののやや勢いに欠け、熱意を周囲に伝えられていなかった。

別のグループはサミット・トロイを提案したが、また質問攻めにあった。

「どうして私たちを表すことになるの？」

「私たちが目指していることをどう表現している？」

「えっと……トロイ人って、たしか暴力的じゃなかった？」

1カ月ほど経過したところで、あるグループが私に手助けを求めてきた。実際に学校で飼えるペットがほしいので、ペットとしても成立するマスコットを考えたいという。私はサミット・ファミリーに生きた動物が加わることはできないが、そのアイデアからブレインストーミングを始めても面白いのでは、と提案した。どういうペットや動物が、学校としての私たちを表すのにいいだろう？

そのグループは広範囲にわたる調査をして、ハスキー犬を選んできた。ハスキー犬は群れで行動し、誠意や勇気は私たちの基本理念を表している。ハスキーが遊び好きなこともわかったという。

「タヴァナー先生、まるでぼくたちみたいなんです！」

そしてクラスメイトたちに発表するのに、説得力のあるプレゼンテーションをまとめた（うまくいけば、私が折れてハスキー犬の子犬を飼ってくれるのではないかと密かに期待していたかもしれない）。

擦り合わせは相手のこだわりを採り入れながら

発表を行う前に、彼らにはもう1ステップやるべきことがあった。**他派と協力体制をつ**

くることだ。

リス派やトロイ派のように、他のアイデアに夢中の子たちもいる。**そういう別の意見をもつ人たちが何に関心を持っているのかに耳を傾け、そのアイデアをハスキーの提案に採り入れようとするのが得策**だ。

トロイ派が大事にしているテーマで、ハスキー犬にも当てはまるものはあるだろうか？トロイ派はほぼ全員スポーツをやっている子たちで、強くてチームプレーの象徴にもなるマスコットを求めていた。そこでハスキー派はトロイ派と話し合い、ハスキーはそり犬として、寒い雪の中を目的地に向かって一緒に進んでいくのだと伝えた。私たちサミット（頂上）にはぴったりだ。トロイ派は味方についた。

リス派は可愛いマスコットを求めていた。対応策としてハスキー派は、ハスキー犬は子犬でも成犬でもいいと考えた。考えてみれば、子犬ほど可愛いものがあるだろうか？ハスキー派はマスコットの絵に変更を加え、子犬のバージョンも追加した。ふわふわの愛らしい、ハスキー犬のぬいぐるみを見つけてきた子もいた。

次の全体の集まりで、彼らは提案を行った。協力体制を築くのに使った要素をすべて採り入れ、ハスキー犬は決して群れを離れないのでサミットを表すのにふさわしいと主張したのだ。

学校が始まって1週目に行う風船アクティビティでも示される「仲間を置いていかない」「対立するより協力するほうが強くなれる」という考え方が生徒たちにも浸透していた。一緒に、全員でサミットに到達できる。

この提案にみんなが賛同し、かくしてサミット・ハスキーが誕生した。

なぜグループ活動はうまくいかないのか

「協力」については学校全体、各教室でも徹底的に取り組んだ。だが最初の期は、教師にとっても子どもたちにとっても、そして保護者にとっても簡単ではなかった。みんな、過去に行ったグループ活動の苦い記憶があるからだ。

それどころか保護者から学校での悪夢の話を引き出そうと思ったら、いちばん手っとり速いのはグループ活動の話題を持ち出すことだと気づいたほど。不満や不平がふつうで、筋も通っていた。

「グループに**偉そうなタイプの子がいて、娘はアイデアを聞いてもらえず**、採り入れてもらえませんでした」

「娘は仲間として尊重されていると感じられず、結局グループとして彼女にとっては不本意なことを行いました」

「うちの子は**何も学べませんでした**」

「グループで**全然意見が合わず、集まる時間もなく、作業の分担もできずにいました。**結局評価も低くて、娘は辛そうでした」

たとえグループで成果が出せた場合にも、不満は噴出する。

「うちの子のグループでは、**ほかの子どもたちは何もしていませんでした**」

「**息子がひとりで全部作業をしたのに、みんなが評価されました**」

いずれにしても保護者の多くは不満を持ち、教師や校長にグループ作業の不公平さを訴える。あるいは、どちらかというと諦念《ていねん》に達している人たちもいる。

「それが現実世界よ」

「チームで働くというのは、そういうこと」

そう子どもに諭《さと》してしまうのだ。

だが、本来ならチーム作業のやり方をもっと明確にし、**「協力とは単に目的を達成するための手段ではなく、重要なスキルだ」**と教えなければならない。

グループ作業がうまくいかないのには、主にふたつのパターンがある。

ひとつ目は、**「与えられたタスクがグループ作業にするほどでもない場合」**だ。グループでの取り組みがうまくいくのは、複雑な問題を、さまざまな体験や専門分野、スキル、知識を持ち寄って解決するケースだ。パターン化した、工夫の余地がないタスクを完成させ、決まった正解を出すようなタスクはグループ作業には向かない。

たとえばグループにわかれて、個別のスキルが必要な数学の問題を解くように言われたとしよう。その科目が得意な子は、誰の手も借りずに作業を完成させられる。そしてグループの全員がそれを知っているので、「いちばんできる子」に作業をしてもらうのが効率のいい方法になってしまうのだ。

ふたつ目は、**「作業内容は個人の手に負えない程度に複雑だが、協力に必要なスキルを指導したりサポートしたりする大人がいない場合」**だ。

チャン先生は、椅子を引き寄せて第3グループのところに座った。確率のプロジェクトを始めて数日が経ったところで、彼らは行き詰まっていた――作業ではなく、グループとしてだ。取り組んでいるのは、実世界に関連した数学のプロジェクトだった。指数について学び、最終的には金利とお金を借りることの影響について考えていた。人生では繰り返し考えることになる問題で、大学の学費のための金融支援を受けようと思えば、数年後には直面することになる。

だがグループがうまく機能していないせいで、数分前にケイレンがチャン先生に、マルコとふたりで別のグループをつくっていいか訊きに来たのだ。答えはノーだったが、チャン先生がサポートをすることになった。

事情を聞くうちに見えてきたのは、わりとありふれたストーリーだった。

ジョンは、数学が非常に得意な生徒だ。確率の課題は彼にとっては易しい。一方でグループの他の子たちは、それほど数学が得意ではなかったが、他の興味深い強みをプロジェクトに持ち込んだ。たとえばマルコは、何年も父親の造園事業を手伝っていた経験から、銀行やローンなど、お金についての知識を持っていた。ケイレンとリディアは、ふたりとも大きな買い物のために貯金をしていたおかげで、利子について知っていた。

いま挙げたようなことを、グループの全員が互いに知っていたにもかかわらず、誰も自分の知識が尊重されているとは感じていなかった。**みんな、自分の考えていることをオープンにして正直に話し合うのは難しいと感じていたのだ。**そのことが不信感につながり、生産的な作業の妨げになっていた。挙句、もう離れたい、とみんなが思ってしまっていた。

そこでチャン先生が手助けをした。具体的には、次のふたつの提案だ。

「みんなで一緒に達成したいことを決めてグループ・ゴールを設定すること」

「さらにゴールに向けたプランを立て、そこにそれぞれ独自の強みを組み込むこと」

グループは話し合いを始め、再び軌道に乗った。そして、彼らは最終的に自分たちで設定したゴールを達成しただけでなく、大変なときにも関係を維持することの大切さを学ぶことができた。

家庭で応用する協力の習慣

サミットで協力スキルを教えるのがうまくなるにつれ、私はそれを家庭にも応用できることに気づいた。

私たち家族は、何かを決めるときや問題を解決するときには、協力するか、協力しようとつとめてきた。たとえばスコットも私も仕事がある日にレットのお迎えをどうするか、あるいは飼い犬が運動不足にならないように気をつける、といったこと——つまり、ほぼ毎日のことである。

「家族のメンバーそれぞれに役割があって、お互いに重なり合うことはない」などというのは過去の神話。**現代の複雑な生活では、みんなが協力し合って働かなければ、物事はまわらない。**

うちの場合、私は学校にいる時間が長く、国内の出張も多い。スコットは自宅のオフィスで仕事をしている。それぞれに忙しく、食料品の買い物や料理、洗濯、車のメンテナンス、請求書の支払い、学校への送迎などをどちらかの役割と決める形で分担するのは無理だった。やりたいことを達成するには、互いに協力し合い、さらに友人たちや家族、近所の人たちにも協力してもらうしかない。

私たちに限らず、ほとんどの家族は互いに協力し合っている。**でもその体験を、子どもにとって貴重なスキルを身につけ、これから先の人生に向けて準備するのに役立たせているだろうか？**

友人の家族は、家族旅行を協力の機会と捉えることにした。高い費用を出して素敵な旅行に出かけたはずが、子どもたちからの文句が多くてみんなが楽しめていなかったのが不満だったからだ。そこで、別のアプローチで旅行の計画を立てることにしたのだ。

「旅行の期間は1週間、予算はこれだけ。どこに行って、何をするのがいいと思う？」

そう子どもたちに訊いたのだ。

最初、みんなが大興奮だった。アイデアが飛び交ったが、すぐにそれぞれがまったく違う旅行を思い描いているのに気づいた。いちばん下の子はディズニーランドが希望で、いちばん上の子はキャンプに行きたいと考えていた。そのうち、不満と怒りが噴出……。

幸い、ここで**この家族はＳＴＰプロセスを使うことにした。**「状況を確認する」「ターゲットを定義する」「提案をつくる」である。

すると最終的には旅行は予算内に収まり、全員が「自分の意見が役に立った」と感じることもできた。旅程の中で自分の第1希望でない場所を訪ねているときでも、以前のようにつまらなくはなかった。そこが他の家族にとって大切なことも、その理由もわかっていたからだ。単に自分の好きなことばかりをするのではなく、一緒に過ごすことや新しい体験を楽しむことに意識が向き、すばらしい旅行になった。

協力できる人は、自分で決められる人でもある

車を目的地まで運転するには、右折や左折、速度を落とし停止する、といった操作を行う。子どもを準備ができている状態までもっていく道をつくるのも、変わらない。

協力スキルを身につけるためには、**実世界で経験を積む機会と、そのときに自己主導性を発揮しようとすることが大切だ。**相手の意見を聞くのも大事だが、それだけでなく自ら意思決定ができないとよい協力者にはなれない。協力と自己主導性には、自己認識も重要になってくる。

つまり、**「うまく協力できる人は自分をよく知っている」**と言い換えることができる。自分が何者か、何を大切にしているか、何を知っているか、何を知らないか。

自分を知る力は、思慮深さから生まれる。うまく協力できる人は、自分の強み、改善すべく取り組んでいること、貢献できることを知っている。

マスコットを選ぶのにはクラスメイトたちと、映画を選ぶのには友人たちと、旅行を計

画したりペットを選んだりするのには家族と、日常のあらゆる場面で力を合わせられる
――そういう子たちが成長したら、いつでも自分のチームに採用したいと思う。

第3部

生きる力をつけるツール

サミットを始めてから、私は毎日同じ3つの問いを自分に投げかけている。

・サミットは、自分が通いたかったと思う学校か？
・サミットは、自分がここで教えたいと思う学校か？
・サミットは、自分の子どもを通わせたいと思う学校か？

これらは私にとって重要だが、一方で答えは私の直感だけでしか測ることはできない。それでは他人から見たらよい指標とはなり得ないので、セルフチェックとは別に、他人でもわかるより具体的な指標も必要なのだ。

生きる力とは？　社会で成功するために必要なものはなんだろう？

ズバリ、「成功の習慣」「好奇心に駆られた知識」「普遍的なスキル」「確実な次のステップ」の4つがそれにあたる。

それは私たちがGPSに入力する目的地であり、大人の世界に足を踏み入れる準備ができたかどうか、大学でうまくいくかどうか、自分の求める人生を追求できるかどうかを知る手段でもある。

第8章
うまくいく習慣が身につく「学びのブロック積み」

同僚のケリー・ガルシアは、「その会話」がかわされた場所は彼女の教室だったと記憶している。だが私の頭の中の映像では、私たちは化粧室の前に立っていた。

お互いに教育者としてのキャリアにおいて、そして母としての道のりにおいても最も深遠かつ印象深かった出来事について、それが唯一私たちの記憶が食い違っているところだ。16年という年月を経て、あのときがターニングポイントだったといまではっきりとわかる——いや、当時からその重要性をふたりとも感じとっていたと思う。

ケリーが私に1年生のザックについて話したいと言ってきたのは、サミット初年度の10月の終わりだった。ザックが落第しそうなので、それを私に知らせたかったのと、保護者にも知らせるという相談だった。彼女は過去7年間教えてきた学校でしていたのと同じように「進捗報告書《プログレスレポート》」を家庭に送る提案をした。

当時、私たち7人のチームには約束事があった。**「誰かが、サミットのカルチャーに**

合っているかどうかを考えることなく、過去に他の学校でやっていた方法を採用しようとしたときには、お互いに指摘し合う」ようにしていたのだ。

そのやり方は、保護者に約束した結果を出すのに、本当に貢献しているだろうか。あきらかに疲れ切っている様子だったケリーに厳しい質問をするのは私の役目だった。

「どうしてザックが落第するなんてことがあり得るの？」

彼女はすぐに明確な答えを返してきた。

「生産的ではないの。ペンを持って作業をしようとしないし、家でも何もしていない」

この1年間、文字通り1回も宿題を終えてきたことはなく、家庭にもとくに協力的な人がいない。にもかかわらず彼は多くの面で優秀なのが、さらに腹立たしいのだという。

ザックと話し合いをしてみれば、思考は論理的で、発言も明晰《めいせき》。議論的主張も得意だった。

だが、なぜ宿題をしないのかについて理路整然と話ができたからといって、歴史の授業を及第させるわけにはいかない。

「やるべきことを、何もやらないのよ」

ケリーはそう言って、話を終えた。

ケリーはザックを、以前の学校で教えていたときと同じように——**200人の子どもたちのひとりとして**——見ていたのだ。無理もない。仕事が山積みの教師に、目の前のエビデンスを見る以外のことができるだろうか。ザックは何も努力をしていない——そのエビデンスをもとに、Fの評価で彼を落第させる以外にできることがあるだろうか？　ザックにはいい薬になるかもしれず、もっといえば、及第できる可能性のある他の子どもたちを、彼女がサポートできる時間が増える。

「必要なことはやった。やっていないのは生徒のほう。もうお手上げ」というこうした一連の考え方はごく普通で、完全に理解できるものだ。

教師がいたずらに自分の時間を削ってはならない

それでも、あえて私は訊いた。

「本当にできることはすべてやった？」

「正直に、何もかも？　私たち、まだできていないことはない？　他の学校と同じようになっちゃうの？　私たち、子どもを落第させて、そのあとの責任をとらないの？」

「できることは、間違いなく、すべてやったわ。何もしなかったのは、あの子のほう」

彼女はきっぱりと言った。

ケリーにこの質問をしているとき、私は自分自身にも問うていた。ザックにFの成績をつければ、何が起こるかをふたりとも知っていた。

彼は卒業できないだろう。GED（一般教育修了検定。合格すると、高校卒業に相当する証書がもらえる）を取得できる可能性も低い。生活に苦労し、生きていくために仕事を選ばなくなる。おそらく何か危険なこと（違法なこと）に手を出し、刑務所に収容されるか、死に至るかもしれない。

極端に思われるかもしれないが、私たちはザックのような子どもが実際にそういう道を辿るのを何度となく見てきた。ケリーが彼を落第させても、何かの経験やメンター、ブレークスルーなどをきっかけに彼が心を入れ替えることがないとはいえない。だが統計から考えると、負のスパイラルに陥《おち》いる可能性のほうが高い。それに、私はザックの母親に、息子さんを準備のできた状態で卒業させます、と約束していた。彼女が家でザックをサポートしていなかったとしても、その約束が頭から離れなかった。

「つまり、14歳の子どもに死刑宣告をしようというの？」

ケリーの表情から、その言葉にショックを受けたのがわかった。それをずっしりと受け止めつつ、私は続けた。

「私たち、彼の軌道を変えるために人としてできることを、本当にひとつ残らずしている？　絶対にするって、私たち約束したのよ」

これは、私たちがザックを「救う」ことができるとか、そうすべきだとかいう話ではない。立派な馬に乗って颯爽《さっそう》と登場し、子どもを救い上げてよりよい未来に連れていくのが、サミットの役割ではない。だが彼がほしいと言っていた人生を生きるツールを、ザックに与えることはできる。そのことをケリーも私もわかっていた。

あとから話を聞いたところ、あのときケリーは叫び出したい衝動に駆られていたという。

「もうたくさん！　疲れた！」

家族もいて、眠らなければならず、正気を保たなくてはならず、自分のためにすこしは時間をとることも必要だった。彼女に、あるいはどんな教育者に対しても、もっと多くを求めることなどできるだろうか？　それは無理だし、正しいやり方でもない。

もしケリーに、ザックへ何かしてあげる余裕があったとしても、次なるザック、その次……と続けば完全に燃え尽きてしまう。

例外的な対応は、教師を追い詰めるのだ。そして教師がぎりぎりの状態まで自分を追い込む状態は、持続可能とは言い難い。私自身、当時はあまり余裕がなかったものの、それを自覚できるだけの理性は保っていた。

あのとき、ケリーが私に向かって叫び出さなかったことには、いまでも感謝している。彼女は立ち去りも、辞めもしなかった。その権利はあったのにそうせず、代わりに再びザックと向き合う約束をしてくれた。私と一緒に、前に進む道を探ると。

このときの会話と、そのあとに続いた話し合いが、私たちの学校の方向性を形づくった。過去16年間、私たちはその道を歩み続け、今日《こんにち》に至るまで改良し続けている。

ケリーは、ザックをサポートできる方法のリストをつくった。だが、どれも彼女がザックのために何かをするという内容で、つまりケリーが自分の時間を削る必要があるものだった。これは3つの理由で問題だ。

1 ザックのような子どもの人数が多いと、私たちがどんなに自分の時間を犠牲にして頑張ったとしても、単純に時間が足りない

2 ザックの成長につながらない。次の先生が、同じようなことをしなければどうなるのか?

3 私自身、子ども時代には誰かに救ってほしいとは思っていなかった。自分で自分を救い出せることができるようにしてほしかっただけだ。ザックも同じように感じているかもしれない

教師がもっと多くのことをしてあげるのは、私たちにとって正解とはなりえない。そうではなくて、**子どもが自分でできるようになる方法**を考えなければならない。つまり、学術的なスキルや知識を大事にするのと同じくらい、うまくいく習慣を身につけさせることも大事にしなければならない、ということだ。

「成功体験」はブロックのように積み重なる

サミットでは子どもがうまくいく習慣を身につけられるよう、責任をもって指導してきた。ザックはその最初の子だった。

習慣の力や成功体験にまつわる科学的なエビデンスを調べた結果、それを育む最適なメソッドとして、「学びのブロック積み」を採用することにした。

ブロック積みのベースとなったフレームワークは、ブルック・スタッフォード－ブリザード博士が、教育に関する何十年間もの研究から開発したものだ。(1)

このフレームワークは、5つの段階と、それぞれのために必要な16のスキルからなる。すべて学校、そして人生における成功に影響し、発達も改善もできるものだ。

まさにブロック積みと同じように、基本的でシンプルなスキルの上に、より複雑なスキルが積み上がっていく。膨大な情報と知識が整備され、シンプルな図で理解できるようになっていた。

この学びのブロック積みを**「理想の成長過程」**にあてはめながら見てみよう。

学びのブロック積み

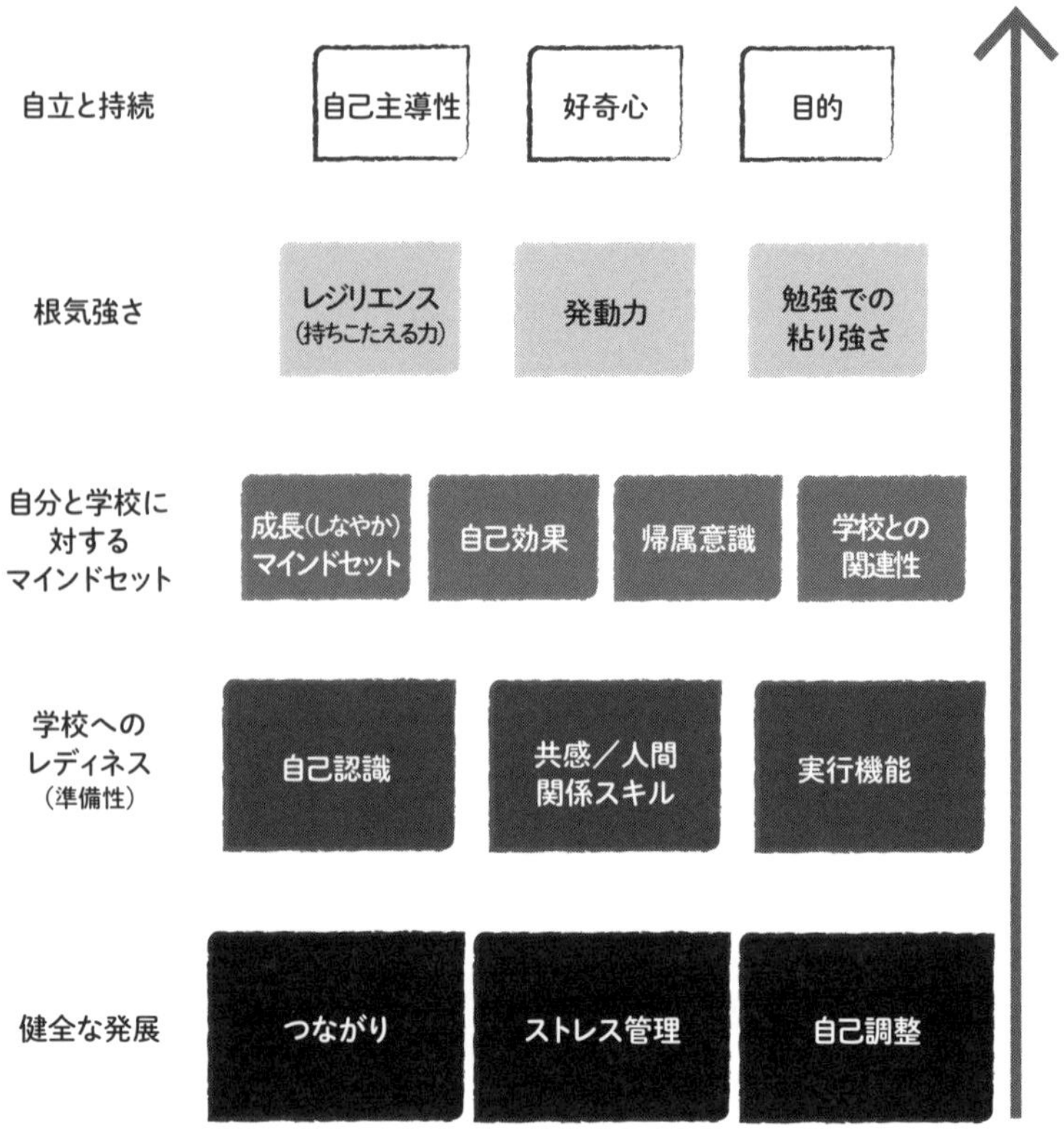

自立と持続
自己主導性
好奇心
目的
根気強さ
レジリエンス(持ちこたえる力)
発動力
勉強での粘り強さ
自分と学校に対するマインドセット
成長(しなやか)マインドセット
自己効果
帰属意識
学校との関連性
学校へのレディネス(準備性)
自己認識
共感／人間関係スキル
実行機能
健全な発展
つながり
ストレス管理
自己調整

まず、ピラミッドの**「基礎」レベル**にあるスキル――つながり、ストレス管理、自己調整――が幼いころから健全に発達していく。

これがしっかりすると、その子どもは学校へのレディネス（準備性）の習得段階に進む――自己認識し、人間関係のスキルをある程度身につけ、「計画する・ゴールを設定する」といった**実行機能**が発達するのだ。

その次に、子どもは**自分や学校のことを考える習慣**を身につける。ここには成長マインドセット、自己効果、帰属意識、学校との関連性が含まれる。

最後から2番目のレベルに進むと、根気強さに焦点が当たる。ここまで来ると、子どもは**自分のまわりの世界との関連性を総合的に認識することができるので、自分からやる気を発動力にして、学術的に難しいこともやり遂げる習慣**がつく。

さあ、ようやく一番上の段階だ。ここで積み上がるのは自己主導性、好奇心、そして目的意識をもつことだ。**この3つの習慣を、学校、職場、家庭、コミュニティーなどあらゆる場面で、サポートを受けることなく応用できるのが、「生きる準備が整った子ども」**ということになる。

――ただし、残念ながら私たちが生きているのは理想の世界ではなく、理想の成長過程をなぞることなど期待できない。

あえて落第させないことで伝わるメッセージ

実際サミットには、初期のブロック積みの習慣を身につけていない子どもたちも大勢いる。

ザックのケースでは、本人が学術的な環境に所属しているという感覚をもてずにいた。過去の体験が複雑に絡み合い、学校で学ぶことの妥当性も理解できていなかった（ザックの他にも、これまでに人とつながりを築いたことがなかったり、あるいは自己認識の習慣を身につけていない子などがいた）。

厳密にブロックのどのパーツが欠けているのかすぐには気づかないことがほとんどだが、それでもどこかがグラついているのは察知できる。

ザックを落第させるという考えを捨ててから、私たちはどうして彼が何もしていないのか、その理由を探った。どうやら**帰属意識がないから**だろうとわかり始めると、私たちはまず彼の予想を裏切ろうとした――具体的には**「たとえザック自身が学校での勉強を諦《あきら》めようとしていたとしても、私たちは決して彼のことを諦めない」**という態度をはっきりさせたのである。

私たちみんなが、思いつく限りのあらゆる形で彼にメッセージを送り始めた。彼にサミットにいてほしいこと。彼のことを信じているし、能力もあると信じているので、サポートし続けること。それを伝えることで、ザックが予想して待ち望んでいたこと——Fの成績がついて、ビデオゲームで思う存分遊べるようになること——をきっぱり拒絶したのだ。

落第は楽な道だった。だが私たちは集団で彼に腕をまわして抱きしめ、それは功を奏した。簡単な道のりではなかったが、ザックは無事にサミットを卒業した。彼に対する私たちの対応は、一貫していて、しつこく徹底していた。そして、そのときはまだ体系立っていなかったこのメソッドを、今後繰り返し使えるようにする取り組みも始めた。

幅広い研究により、**ブロック積みにある16の「うまくいく習慣」は生活の中で繰り返し使われていることがわかっている。学校生活でも、卒業後の人生でも役立つ**ものだ。

さらに、習慣同士は相互に結びついている。

たとえば、自己主導性について考えてみよう。サミットの生徒たちは、自己主導性サイクルを定期的に練習する。一見わかりにくいが、実はこのプロセスには実行機能（ゴール設定と計画）も組み込まれている。生徒たちが、自己主導性を身につけるのを練習しているとき、実行機能のブロックも活用し、強化しているのだ。

成長マインドセットのブロックは、自分が才能を伸ばせると信じることだが、これも自己主導性サイクルに欠かせない。**成長できると考える習慣は、自分の人生を自分で決められると考える習慣につながる**からだ。

もちろんすべての生徒たちが、サイクルの練習を始めた段階でこうした習慣を身につけているわけではない。だが、フィードバックを受け、練習し、省察することで、時間が経つうちにできるようになっていく。

「学びのブロック積み」の一番上のレベルになると、生徒は身につけた習慣を、学校以外のさまざまな環境でも、サポートを受けることなく活用することができる。

「ゴールを設定し→計画を立て→実行し→知っていることを示し→省察する（振り返る）」という自己主導性サイクルを何度となく、学校でも家庭でも実践している子どもを想像してみてほしい。

地元の食料品店で夏休みにアルバイトをすれば、常にきちんとしたプロセス――棚の補充、空のカートの回収、食料品の袋詰め――を踏んで作業をしようとするだろう。店に入ってきたときから、指示を受けなくても、何をしなければならないのかわかっている。いかに効率よく、速やかにカートを回収できるか自分でゴールを設定し、毎回、その前のときよりうまくできるように工夫する。お客さんの食料品を袋に詰めるときも、何もつぶれないように、持ち運べる重さになるように、そして支払いが終わるまでに詰め終わるように、細心の注意を払う。この一連の流れが習慣になっているのだ。

対して、マネージャーから指示されない限り、カウンターにもたれ、何もせずにだらだらしている子もいる。

どちらの子を雇いたいと思うだろうか？　どちらの子どもに育てようとしているだろうか？

「自習を押し付ける」という苦い失敗

何年ものあいだにサミットでは、16の「うまくいく習慣」をすべての子どもが身につけられるようサポートするシステムを、試行錯誤しながらいくつもつくってきた。

ザックと取り組んでいたときには「必須の自習時間」をつくった。特別に時間と場所をとって、子どもたちに実行機能のスキルと、学術的な粘り強さ、自己調整、ストレス管理を学んでもらおうというねらいだった。

だが、最初からうまくはいかなかった。子どもたちがこの時間を**「宿題の牢獄《ろうごく》」**と呼び始めるというネガティブな反応があったので、このアプローチには改良が必要だとわかったのだ。私たちは諦めず、何度も自分たちのデータを検証し、省察し、試行錯誤を繰り返していった。

いまでは宿題は、それぞれの子どもが自分に必要なスキルや知識を選び、身につけるための時間に取って代わられている。それは、**どの場所で行っても構わない自己主導性の学習時間**だ。ザックや他の子どもたちに欠けていた習慣を身につけ、サポートするように計画されたのだ。

このように指導と学びのアプローチを改善したことで大きな成果が出ている。私たちは教育者として、常に子どもたちに何が必要かを明確に定義し、それを実現するための方法を準備してきた。そうすることで、子どもたち自身が納得できる方法で、自ら力をつけるのを助けてきた。自分の息子に対しても、同じことをもっと早くできていたらと思わずにはいられない。

「宿題やりなさい問題」の解決法

レットが5年生のときだ。宿題をやったかどうかの言い合いになり、私は怒りと不満を感じていた。そしてその思いを日記に書こうとして、ふと過去2年間の10月のちょうど同じ日の日記を見た。なんと、呆れたことにそこには、これから書こうとしているのとまったく同じ内容が書かれていた。

毎年同じ日に子どもと喧嘩するという映画にでも入り込んだのだろうか？　もしそうで

ないのなら、私がとってきたアプローチが成果を上げていないのは、一目瞭然だ。

さらに日記を見てみると、**特定のパターン**ができ上がっていて、ますますショックを受けた。私たちの宿題論争は、年に1回のことではなかったのだ。かなり頻繁に発生していて、日記によれば、毎回私は不満と心配な気持ちを抱え込んでいた。

私は一体、何をしているのだろう？　怒りは悲しみと罪悪感に変わった。気がつくとレットの部屋にいて、彼を抱きしめ、「こういうことは2度と繰り返さないようにしましょう」と言っていた。レットは愛情のこもったハグを返してくれ、そのときは気分が楽になったが、どうすれば次から同じことをせずに済むのかははっきりしなかった。

「宿題やりなさい問題」を解決するのに、私はあらゆることを試してきた。ご褒美《ほうび》システム、特別な宿題の時間、特別な宿題のヘルプ、課題を記録するために本人が選んだプランナー、さらに忘れた場合に備えたバックアップシステム。それだけでなく、学校の教師と定期的に対話をし、彼の様子も確認していた。

どれも効果がなかった――いや、むしろ私がシステムを増やせば増やすほど、レットはますます宿題から逃れようとしているようだった。皮肉なことに、私がいちばん気になったのはその回避行動のほうだ。とくに宿題はない、あるいはもう終わったなどと嘘をつくことがあったのだ。

打開策として、私はサミットで使っている戦略を試してみることにした。**作業を完了しない、あるいは課題に集中していないことが多い生徒に対して、私たちが最初に行うのはその理由や背景を「深く掘り下げること」だ。**

そこでレットに、どうして宿題をしていないのか尋ねた。じつはこの質問自体、私があまりしたことがないものだったし、訊くとしても「1回だけ」だった。今回は、彼が答えるたびに、さらにどうしてかの質問を重ねていった。

サミットの子どもたちと同じで、**最初の「どうして？」で出てきた答えと、4回、5回、6回と繰り返し訊いたあとの答えとでは、だいぶ違ってくる。**あとから出てきた答えのほうがはるかに示唆《しさ》に富んでいて、正直で、役に立つものだ。

最初にレットに「どうして宿題をしないの？」と訊いたときには、彼はただ「やったよ」と答えた。私はまた嘘ではないかと思ったが、自分の意見を言ったり、異議を唱えてしまうと、「掘り下げ」は失敗に終わってしまう。私は必死に感情を抑えながら尋ねた。

「じゃあどうして宿題をするの？」

「宿題は家か、学校なら休み時間かランチタイムにやってて……理由は……終わらないと遊ばせてもらえないから」

この答えは予想外だった。私の中では、締め切りを過ぎたあとに作業したり、大人が見張っているところで作業したりするのは「宿題をする」ことではなかったからだ。質問を続けていくと、しまいにはレットの教師も私も、彼が何に動機づけられるのか、状況をどう捉えているのかを、まったくわかっていなかったと気づいた。

結果として、**私たちのしていたこと（宿題をさせる）は、自己主導性を身につけるには完全に逆効果**だった。全員にとって生産性が上がらない。さらに大切なことに、この対話をしたことで、私には疑問が湧《わ》いてきた。私たちの究極的な目的はなんだろう?

レットと話していて、彼はやるべき作業の重要性を認識していないことがわかった。レットにとって、**学校で過ごす授業以外の時間（休み時間や放課後）は遊びの時間であり、友だちや家族と過ごす時間**なのだ。授業については、教師が求めていることを学ぶ時間と理解していた。一方で、自分が大切にしている遊びの時間にその学校の勉強が入り込んでくるのは、不公平だと思っていたのだ。

さらにレットは、そもそもどうして宿題をやるように言われるのか、まったくわかっていなかった。目的がわからず、やる気が起こらない。しかも宿題は、私や教師との関係に悪影響を及ぼすものだった。レットが宿題をしていた唯一の理由は、**私たちとの関係性を保つため**だ。だが宿題をますます嫌いになっていくうちに、それも大変になってしまい、そうなると**自分は出来が悪いのだと思い始めた……**。

10歳のレットが分析をしてみせたわけではないが、話を聞いていた私には、実態がよく見えた。最大の問題は、これまで私が正しいやり方で尋ねていなかったことだった。

課題を黒板から書き写す——何も考えず生徒にさせていませんか？

さらに深く掘り下げなくてはならなかった。

宿題とはなんだろう、と私は考え始めた。毎日レットが宿題をすることが大切だと、どうして私は思っていたのだろう？

会話の中で、彼は出された課題の重要性がわからないと言っていたので、私もあらためてそれを見てみた。レットが言うのも、さもありなんだった。

サミットでは何年もかけて宿題を改造してきたので、従来の学校の宿題がどういうものだったのか忘れていた。レットの宿題は、ほぼ**パターン化された内容**だったのだ。ステップ1——ボードの課題をプランナーに書き写す。何をすればいいのか確認するためだ。レットはこれを非効率的で苦痛だと感じていたが、宿題のステップ1としてやらなければならなかった。

求められ、確認され、採点される——。

私は自問せざるを得なかった。どうして？　この課題の目的は？　必要なスキルは何？　習慣は？　うまくいくための習慣だとは思えなかった。

いまの時代、課題ややるべきこと、予定を管理する方法にはさまざまな選択肢があるのに、なぜみんなが同じやり方をしなければならないのだろうか？　**求める結果だけを示して、そこに辿り着くのにそれぞれに最適な道を選ばせてもいいのでは？**　このケースでは、結果は宿題を完成させることのようだ。だが宿題をよく見てみると、そこに価値を見いだすのは難しかった。

課題は、それを書き移す指示と同じように、管理的だった。情報を読み、設問に答える。ある手順を使って似たような算数の問題を解く。第2外国語の言葉を繰り返し書く練習をする。

言葉の意味を辞書で調べてフラッシュカードをつくって暗記する、というものもあった。指示された言葉をすでに知っていたとしても、選択の余地はない。

完成した宿題は、採点される。算数の問題は正解か不正解か採点され、言葉のリストをもとにクラスで小テストが行われたが、それ以外のフィードバックはなかった。そして提出した宿題は何日も、ものによっては何週間も戻ってこなかった。

「作業の目的はなんだろう？」

そう思わざるを得なかった。

私も長年教師をしてきた。もちろん、教え子たちに宿題を出してきた。黒板に課題を書き、子どもたちにノートに写すように指示した。貴重な時間を使い、宿題の回収、採点を行い、完成したかどうかの記録もつけた。

だんだんに、私はパターンに気がついた。いつも宿題をする子たちがいる。きちんと終える子もいる。だが多くの子たちはとりあえず切り抜ける程度に行い、さらにまったく宿題をしない子たちも一定数いた。ほかの子の答えを写している子もいれば、授業が始まる直前に作業している子も大勢いた。

教師は宿題の完成度が低いのに慣れていて、成績表の記載には、ストックしてあるコメントから適切なものを選べばよかったくらいだ。そしてもちろん、宿題の完成度は科目の成績にも反映されていた。

なぜ長年、自分がこうしたやり方で宿題を出していたのか、どうしても理解できなかった。かろうじてひねり出した解釈は、こうだ。**いい教師は宿題を出し、いい生徒は宿題をする。保護者は、宿題には学びの意味があると考えている。**あるいはみんなが、そう信じているのかもしれない。

スコットと私がレットにどう家事の手伝いをさせるかについて話し合ったとき、まったく同じ問題に直面した。お手伝い項目と、その方法のリストをつくるのは簡単だが、それで学びがあるだろうか？

私たちの究極の目的は、彼がベッドを完璧に整えられるようにすることなの？　あるいはもっと深いこと――他の人と共有の空間で生活できるようにすること？　後者だとしたら、なぜ私はベッドを整えることを重視しているのだろう。

親はよく子どもに仕事を割り当てる。それはテーブルをセットするような、決まりごとのある作業が多い（ナプキンは左でフォークの下に、ナイフは右で、それからお皿にコップ）。庭の野菜畑に何をどう植えるかを任せる、靴を脱ぐスペースをどう整頓するか考えさせる、あるいは両親共に仕事があるときの夏休みの過ごし方を計画させるようなことは、あまりしない。

慣例的なタスクを減らすことを提案しているわけではないが、たまには立ち止まって、子どもに本当に何を学ばせたいのかを考えてもいいのかもしれない。

私たちはみんな圧倒されるような情報や極端な意見に晒《さら》されていて、どうにかなりそうになる。だがサミットでの仕事は、子どもが自分の望む人生を歩めるようになるために役に立つアドバイスと、役に立たない（もしくは害になる）アプローチを、コンパクトな――ときにアカデミックな色の――レンズで見分けられるようにしてくれた。

教育者として私は、「学びのブロック積み」の上3段が目的地であることと、下の段の基礎がグラグラしているとそこまでは辿り着けない、ということを学んだ。最終的に、レットがあらゆる場面で、サポートなしに自己主導性や好奇心、目的意識を持つことができれば、彼の準備は整ったということになる。

第9章

知的好奇心を育てる「チュータリング・バー」

その変化は目を見張るものだった。

サミットの生徒たちの**「自己主導性をもって知識を身につける力」**が急激に伸びたのだ。2012年のことだった。そのために私たちがやったことといえば、生徒たちが教育のリソース（素材）を自由に選び、自由にアクセスしてもらう試みだった。

リソースは教科書や練習問題に限らない。動画、ポッドキャスト、オンライン・シミュレーションなどから自分に合ったものを選ぶことができる。**教科書で特定の箇所を読むよう指示する代わりに、1日1時間、自己主導性の学習時間に、自由にリソースを選んで学習するのだ。**

また自分が何かを習得したかどうかを確認するためテストを受けるかどうかも、生徒自身が選べるようにしている——**要するに、生徒全員が特定の日に同じ内容のテストを揃って受けることは、もうしていない。**

それぞれ準備ができたと思うときに、**それぞれに合った内容のテスト**を受け、必要な知識を身につけたと示すことができなければ、そこに到達するまで学び続ける。

このアプローチには慣れるまで少し時間がかかったものの、効果はすぐに現れた。子どもたちは自発的な習慣を身につけ、学ぶ対象により関心を抱くようになったのだ。

私たちは毎週、子どもたち一人ひとりに「何がうまくいっていて、何がうまくいっていないのか」を尋ね、その理由も確認した。そして、それをもとにすぐに改良を行った。

学び方を学ぶ

たとえば、彼らは自分の同級生たちによるリソースの質の評価を信頼していて、口コミ情報を共有したいと考えた。Yelp（イェルプ＝ローカルビジネスの口コミサイト）やGoodreads（グッドリーズ＝本の情報を共有するソーシャル・ネットワーク・サイト）のようなツールを使ったり、リソースをサブトピックで分類し、何を学ぶべきなのかも明確にしたいという。もっと練習問題を数多く解き、どのくらい習得できているか知る機会を増やしたいという意見も出た。

そういった意見を大切にして、私たちチームは毎週毎週、リソースや環境、提供できる選択肢を改善していった。子どもたちは効果的にプロジェクトに取り組むために、共通の知識を身につけることになっていたが、それぞれに違うやり方を選んでいた。興味も対象もさまざまだが、それと同じくらい、やり方についても好みがわかれていたのだ。

自分がフィードバックした内容をもとに学び方の選択肢を与えられると、子どもたちは自分が尊重されていると感じることがわかった。

そして何をどこで、どうやって学ぶかについては、個別に独自の方法を開発していった。たとえば順番ひとつとっても、**苦手な科目に最初に取り組み、好きな科目を楽しみにとっておく**というタイプの子もいれば、そうでない子もいた――ある生徒などは、自分のアプローチを食べ方にたとえていた。

「まずは野菜から食べます。身体にいいからです。そうしたらデザートを食べられます」

すべての教科を素早く網羅して、熟達度を示した子たちもいた。そうすることで達成感を得て自信がつけば、さらに難しい課題に取り組むのに役立つ。

はたまた、非常にバランスのとれたアプローチで臨む子たちもいた。**教科を順番に、毎週決まった量**こなしていくのだ。

子どもたちは次々と、自分の習熟度が上がる様子をプロセスで示す方法や、学び方でいちばんいいと思った方法などを共有してくれた。全員が、自分たちで小テストを実施していて、ある生徒はこれを**「学び方を学ぶため」**と称していた。

教師でも親でも、教育に携わったことがある人なら想像できると思うが、子どもたちが自分の学びを管理するというのは、従来の勉強法からは革新的な飛躍だった。

一方で、２０１２年の時点で私たちが変えていなかったものもある。子どもたちがそれぞれの教科の「クラス」に参加し、直接教師から学ぶことだ。他の部分については選択肢があったものの、これだけは必須にした。

ある年代の人なら、ロビン・ウィリアムズが主演映画『いまを生きる』の教師役で机の上に立ち、来る日も来る日も「壇上の賢人」として生徒を魅了していたのを覚えているだろう。一方『フェリスはある朝突然に』でベン・スタインが演じる教師像は、それとは対照的だ（「誰か……誰か？」）。

私たちの頭の中には、いい教師像、悪い教師像のイメージができ上がっている。いい教師は子どもにインスピレーションを与え、よく練られた質問をして子どもに考えさせる。悪い教師は退屈で、与える情報も重要でなく、意味がないように感じられる。だがどちらのケースにも、共通項がある。教師が子どもたちに情報を開示していることだ。

その役割はどうやっても変わらないのだから、教師へのメッセージは次のようになる。

「仕事をうまくやるには、知識を提供すること――それも楽しく、子どもを魅了するようなやり方で」

教師の役割について考え方を変えるのは、教師自身にとっても、子どもたちにとっても難しい。私たちはこのことも、経験から学んだ。

講義は必須ではない、という常識はずれの実験

「取り組んでいる知識の習得に、どのリソースが一番役立ちましたか？」子どもへのこの質問に対し、「教師が教えるクラス（講義）」という答えが数週間連続で最下位になったことがあった。最初、私たちはこう考えた。「ティーンエイジャーたちは決められたものを嫌がるのだろう。とくに自由を味わったあとでは」

そしてこのデータをやり過ごした。だが同じ結果が続いているうちに、これを無視するのは誠実でもないしプロらしくもないという話になった。

誰かが「私たちの仮説が正しいか検証してみよう」と言い出した。**講義を必須ではなく、任意参加にしたらどうだろう。**子どもたちの評価は上がるだろうか？

みんな、不安を感じた。必須でなければ子どもたちは参加しないかもしれず、その分の学びが犠牲になるかもしれない。それは教育上の過失にはならないだろうか？　最終的に

私たちは検証を行うことにしたものの、期間は1週間に限定した。仮にその間、子どもたちの学びが失われたとしても、そのくらいであればみんなで協力して取り戻せると思ったのだ。

結果は、予期していたものではなかった。生徒たちは全員、教師の講義に参加し、それでも順位は最下位のままだったのだ。

どういうことだろう？

私たちはテスト期間を1週間延長した。結果は同じ。3週目も同じ結果だった。生徒たちは学びを失ってはいないが、それを有益だとは思っていないのだ。これには困惑した。テーマを決めてディスカッションする「フォーカス・グループ」を利用し、何が起こっているのか理解しようとした（迷ったときは子どもたちに訊くに限る）。グループで話し合いをしてもらうと、真実が明らかになった。

子どもたちはクラスが任意だとは信じていなかったのだ。出席をしないと欠席と記録されたり、ペナルティーを受けたりするのでは、と思っていた。過去の学校体験から、教師による講義はあまりにも基本的なものとして条件づけられていたため、選べるのだと言われても言葉のままには受け止めていなかったのだろう。

4週目。講義は他の学びのリソースと同じように任意だということを、改めてはっきりと知らせた。出席しなくてもペナルティーはないと保証した。その週にはクラスの出席率は下がったが、満足度が最下位なのは相変わらずだった。その後2週間で参加人数は減っていったが、順位は変わらなかった。

そして7週目。なんとランキングがトップになった！　だが喜びもつかの間で、データを見て気が抜けてしまった。それぞれのクラスの参加人数は2、3人しかいなかったのだ。どういうことなのだろう？

参加した子どもたちは全員が、教師クラスを学びのリソースとしてトップにランクづけしていた。私たちは一人ひとり個別に理由を訊いてみたものの、答えは一貫していた。いわく——**ひとクラスの人数が多かったときには、教師の話の中に自分がすでによく知っているものも含まれていた**。とくに訊きたいことや具体的にわからないことがあっても、その部分に到達するまで、自分には必要ない部分もじっと座って聞いていなければならなかった——と。

あるいは集中するのに時間がかかる生徒だと、話がよく理解できず、何かを学んだという気になれなかったという声もあった。

つまりは、帯に短し襷《たすき》に長し状態になっていたのだ。だが7週目に、ちょうどいい長さになったというわけだ。

子どもたちによると、生徒が2、3人しかいないと教師は事前に準備していた授業を行うのではなく、**何が必要かを個別に訊いてくれた**という。要は、個人指導である。ふだんの授業時間より短くても、子どもたちはまさに必要としていたことをちょうどいいタイミングで学べたので、授業を高く評価した。教師のように自分のことを理解してサポートしてくれるリソースは他にはない、という声もあった。

過去数週間、低評価のためにかなり居心地悪い思いをしていた教師側からしても、少人数の授業は満足度が高かったという。子どもたちが何でつまずいているのかをきちんと理解でき、意味のあるサポートを効率よく実践できたからだ。

理想の教育は「チューターリング・バー」で

それでも、教師たちはクラスが任意でよいかどうかについては確信をもてなかった。みんながこれぞ自分の仕事だとみなしている部分を手放すのは、勇気のいることだった。

そこで、私たちは折衷案《せっちゅう》を採用した。**「チューターリング（個人指導）・バー」**と名づけたものをテストしてみることにしたのだ。

アップル社のユーザーサポートコーナー「ジーニアス・バー」から名前をとったこの手法は、**自己主導の学習時間に教室に専用の机を置き、それぞれの教師の前に「バー開店**

中」と表示するものだった。

授業を受け持つのではなく、必要なら手を貸すというスタンスで、教師たちはどうなるか待ってみた。ほどなく最初の生徒がやってきて、ふたり目、3人目と続いた。

その週のランキングではこの個人指導がトップになったが、ひとつだけ問題があった。教師の前に並ぶ列が長くなり、待ち時間が増えると評価が下がったのだ。そして――今度は**並んでいるあいだに子ども同士が自然と教え合う**ようになった。あっという間にバーの前はふたり組みの生徒たちでいっぱいになり、生徒同士の学びはリソースの中でトップ評価を獲得したのだった。

いまでは「教師→生徒」「生徒→生徒」と両方のパターンで学ぶ環境が整い、テクノロジー・プラットフォームもある。生徒が特定の知識に熟達すると、チューターをしたいという意志表示ができるようになっているのである。

生徒同士が教え合う計り知れない効果

このウィン・ウィンの効果は否定しがたい。**人は誰かにものを教えると、その分野でさらに熟達する**という明確なエビデンスがある(1)。

それだけではない。**生徒同士が適切にサポートし合うと知識が増えるだけでなく、うま**

くいく習慣も身につく。また子どもたちは、自分の興味のあるトピックは、進んで人に教えてあげたくなる傾向にある。しかもその熱意は、教えている相手にも伝わる。ちょうど、パラパラと本を見ている友人にその面白さを熱心に伝えると、その人が本を買う気になるような感じだ。

新たな知識を得るためのアプローチ方法が増えても、教師の役割が消えてなくなることはない。**変わっていくだけ**だ。自己主導の学習時間やプロジェクトのあいだも教師はいつも教室にいて、導き、教え、サポートをしている。

以前と違うのは、教師たちが生徒との関係において、影響の大きい大切な部分に集中している、ということだ。

たとえばあるサミットの英語教師は、午前中はメンターシップ・グループが「カルチャーの玉ねぎを剥《む》く」エクササイズを行うのを率い、「スピーキング・アウト・プロジェクト」ではソクラテス・セミナーを率いたあとで、自己主導の学習時間に少人数グループの生徒たちを指導する、というスケジュールになるかもしれない。**教師の能力の発揮の仕方がより戦略的になったにすぎず、その役割はますます重要**になっている。

そして子どもたちも、ラップトップの中だけに居場所がある孤独な存在ではない。学んだことを実世界のプロジェクトに応用し、クラスメイトたちと一緒に作業している。

単にググるのでは駄目な理由

「アレクサ、モノポリーの公式ルールは？」

その日はクリスマスで、私は姪《めい》のブルックとモノポリーのゲームをしようとしていた。ところが最初に各プレーヤーにいくらずつお金を配るのか、思い出せない……。ブルックは、このゲームをするのは初めてだ。使い込んだゲームの箱には、遊び方の説明書が見当たらなかった。

私もどこかの時点ではグーグル検索をしようと思ったかもしれないが、とりあえずはゲームがしまってあった棚に説明書がないか探し始めた。するとすぐに9歳のブルックが、音声認識サービスのアレクサに質問したのだ。最初の質問では求めていた答えは出てこなかったが、何度か質問したあと彼女は言った。

「ダイおばさん、みんな20ドル札を6枚もらうみたい」

いまは、小学生でもテクノロジーに精通しているので（厳密にいうと、アレクサに質問をするのにそれほどのスキルはいらないが）、**もう知識を教える必要はないのでは？**　と疑問が湧いてくるのも無理はない。

アレクサとグーグルさえあれば、必要な答えは手に入るのではないだろうか？（それも自分の記憶から引き出そうとするより早いのではないだろうか?)

歴史上の日付や言葉の意味、公式、文法のルールなどを暗記する必要がまだあるだろうか?

私たちのほとんどが、学校生活のかなりの部分をこうした情報の暗記に費やしてきた。そして覚えたことをテストで示し、終わると忘れてしまう。いまでも同じことを子どもたちはする必要があるのか?

答えはノーだ。

それでも知識はとても重要なので、**やり方を変えればいい**。

「得意なことを活かす」が勉強でも正解なワケ

学びの科学では、**「子どもが対象に親しんでいるとパフォーマンスがよくなり、スキルが上がる」**という相関関係が明らかになっている。

たとえばある研究では、中学生が野球についての文章を読み、読解のテストを受けた。するともともと野球について知識のあった子どものほうが点数は高く、それは事前に認識されていた読解力とは関係がなかった(2)。

この研究や他の同様の研究で明らかになっているのは、たとえばクリティカル・シンキング（批判的思考）のような大切なスキルを身につけるには、まずは**批判的に考える対象をよく理解しなくてはならない**ということだ。

こうした研究結果は、私の個人的な体験とも一致する。ほとんどの人は、知らない単語がたくさんある本を読もうとした経験があるだろう。読む練習をしている子どもでも、大人でもあり得る状況だ。

たとえば私が医療や法律の専門書を読もうとしたら、書いてあることを少しでも理解するのに相当苦労するだろう。もちろん、単語を調べる、前後の文脈から推測するなどの戦略を使うことはできる。ただ現実的には、知らない単語が多すぎて、まったく知らないことについての描写が続くと、こうした戦略も役に立たない。たとえグーグルで素早く意味を調べたとしても、読み進めているあいだ、情報をすべて覚えてはおけない。結局は、読んでいる内容を理解できない。

ところが同じくらい専門的な本であっても、たとえば教育政策のような、私が親しんでいる内容であれば、同じ戦略を使って意味を理解できる。あるときには出来が悪く、あるときには賢く見えるわけだが、これは誰でも同じだ。

ここで「ニワトリが先か、卵が先か」の問題が出てくる。

ある物事についてすでに知識があれば、学ぶのも成果を上げるのも楽にできる。だが、その知識を得る最善の方法は、それについて学ぶことだ――。

学校のシステムは、この非生産的なサイクルを増長させている。学校では小学校3年生までは「読むこと」に重点が置かれる。それが4年生になると「新しい情報を学ぶために読むこと」を子どもに求めるようになる。4年生になるまでに読むことを学ばなかった子にとってこれは大問題になるはずだが、そもそも知識が多ければ読む力がなくても成果を上げられることもわかっている(3)。

ありがちなのは、そう思って親が子どもになるべく多くの情報を与えようとすることだ。具体的には、KUMON（公文式教室）等に通わせたり、大切なことを学べると謳《うた》っているゲームを買い与えたりする。教師も同じで、教壇に立って知識を伝えるという役割がこれまで受け入れられていたこともあり、子どもに多くを教えようとする。

だが、子どもが知識を身につけるのに、別のもっといいやり方がある。それは、**内なる好奇心**から発生するものだ。

ここで、うまくいく習慣の一番上の3つのブロックがなんだったか、思い出してほしい。それは自己主導性、好奇心、目的意識だ。

思春期から大人への移行段階においては、本人が自ら学び、成長できるようにしていく必要がある。そして学びは、好奇心から始まる。人は何かを心から知りたいと思うとき、自然と答えを見つけようとする。人は興味を持ったことに対して質問をし、そうでないことに対しては関心を持たない。

教室の外で人が答えを見つけようと思えば、自主的に動かなければならない。だとすれば「ニワトリが先か、卵が先か」問題に対する答えは、**「好奇心主導の知識」**だ。つまり好奇心や興味を追求させると、子どもはより多くを学ぶ。より多くを学べば、学ぶことが得意になっていき、好循環が生まれていく。

ジェットコースターを愛する少年が教えてくれたこと

ブロディはジェットコースターが大好きな高校生だ。もちろんジェットコースターが好きなティーンエイジャーは多いが、彼の場合は乗るだけでなく、**模型をつくり、その仕組みについてあらゆることを調べる。**ブロディのつくった最新の模型は6インチ以上もあり、オハイオ州のシダー・ポイントにある有名なジェットコースターの完璧なレプリカになっている。

ことの始まりは、ブロディが友だちの家にあったケネックス社のジェットコースターの模型キットをとても気に入ったことだった。自分の誕生日プレゼントに買ってもらい、両親の手を借りつつ組み立てた。彼は次のセットを欲しがり、できればまたその次……と、あまりにも早く組み立て終わるようになったため、母親は中古のものを探すようになった。父親が実際にジェットコースターに乗ってはどうかと提案すると、まもなくブロディは毎週末、遊園地に行きたいとせがむようになった。さらにユーチューブの動画を観て、ジェットコースターについてあらゆる知識を身につけた。

ジェットコースターについて話すとき、彼は意気揚々とした子どもとプロのエンジニアを足して2で割ったような感じになる。その構造や安全性、デザイン、歴史についての知識は、ふつうの人からすると専門家のようで、しかもそこには本物の、溢れんばかりの喜びがある。

あなたの周囲を見まわしてみてほしい。ブロディのような子どもがいるのではないだろうか?

アメリカン・フットボールのシミュレーションゲームに夢中になっているがために統計に強い10歳児や、大人気ゲームの「マインクラフト」好きが高じてプログラミングができるようになった12歳児のことだ。

ブロディがジェットコースターに最初に興味を抱いたのは8歳のときだった。そのときからジェットコースターとの関わりで身につけたものを、学術的な言葉や概念で考えてみよう。その知識は多くの科目（物理、エンジニアリング、数学、建築、設計、政策、歴史）にまたがり、難易度も小学校低学年レベルのもの（基本的な重力）からプロレベルのもの（加速度と摩擦）まで幅広い。

年齢や学術的なスキルは、ブロディが知識を得るうえでの制約にはならなかった。なぜなら、**さまざまな学びの方法にアクセス**することができたからだ。また、もっている知識のおかげで、さらに学ぶのが楽になっていった。「ニワトリが先か卵が先か」問題に入り込むのではなく、ブロディは成功への好循環に入っていったのだ。

現在、ジェットコースター熱が出始めてから8年が経ち、ブロディはジェットコースターに関することなら非常に複雑な物理や工学の概念でも理解できる。しっかりとした基礎知識があるからだ。

一度学び方を覚えると、他のことにも応用できる

ブロディはこのアプローチを音楽にも使っていた。3年間、学校の楽団でトロンボーンを学んでいたのだが、よくあることに最初の楽器選びを後悔し、クラリネットを選べばよかったと思い始めた。楽器を変更したいと言うと何人かに反対されたので、トロンボーンはやめずにクラリネットも独学で学ぶことにした。これまでの経験から楽器の基本的な奏法は理解していたし、音楽の基礎的な知識も少しはある。ジェットコースターについて独

学で学んだことを思えば、クラリネットの演奏を自分で学ぶのもできるはずだという確信が彼にはあったのだ。

ブロディの話で私がとくに興味深いと思ったのは、彼が最初にジェットコースターに関心をもったのが、友だちの家で遊んでいるときにその場にあったおもちゃがきっかけだった点だ。その後、彼のクラリネットの探索は、主にインターネット上で行われた。

つまり、ブロディの**「情熱」**にはふたつのものが必要だったと言える――**「時間とアクセス」**だ。どちらが欠けていても、追求の旅は妨げられていただろう。

それなのに私たちは、よく考えることなく時間とアクセスを制限してしまっていることが多い。

また、大学進学に向けての競争が激しくなると、子どもたちは周囲の子たちよりも何かで秀でていなければならないというプレッシャーに晒される――それがまた障壁となる。

何かを学ぶこと、上達することにはなんの問題もなく、むしろいいことだが、そこにはトレードオフもある。

発達上、幼い子どもは自分のことも世の中のこともまだはっきりとわかっていないので、たとえばサッカーのようなあるひとつの活動が、今後14年間いちばんの興味の対象となるかどうかの判断はつかない。そしてほとんどの場合、**目立つほど上手くなるには、放**

課後や週末の大部分をその活動に費やさなくてはならない。

そうすると他のことを追求する時間はあまりなくなり、とくに有意義で生産性があるとはみなされない自由な遊び時間などが削られることになる。

たとえばレットは、何年間も地図に魅了されている。何時間でも夢中になって、想像上の国の詳細な地図を描いているのだ。

この興味がどこに向かうのかは、見当もつかない。いつの日か地図製作者になるのだろうか？　あるいはファンタジー作家に？　それがなんであっても構わない。大事なことは、彼にはそれを探求する時間と空間が必要なことだ。

地図に向かうことで、レットは自分の関心のあること、自分が何者であるかを探っている。地図に費やされている時間の目的は、将来の専攻やキャリアを決めることではない。その目的は**好奇心を追求する「学び方を学ぶ」ことであり、同時に自分が何者で、何をしているとき（ｉｎｇｓ）に興味が湧くのかを探ること**だ。

触れて、探って、追い求める

サミットでは、子どもたちができるだけ多くの体験やアイデアに触れられるよう工夫している。それだけで興味が芽生えることもあるからだ。

その一環として、教師も含め全員に、**自分の興味や情熱を共有する**よう奨励している。学校の廊下は貼り紙、ポスター、絵、衣類、ステッカーなどで埋まっていて、編み物から政治まで、みんながさまざまなトピックに携わっていることがわかるようになっているのだ。

さらに定期的に外部の人を学校に招待しては、プレゼンをしてもらったり、生徒のプロジェクトを評価してもらったりと、幅広く関わってもらっている。それ以外により大規模なプロジェクトもカリキュラムに組み込んでいて、たとえば毎年行っているキャンプや、大学への訪問を含む学際的なスタディー・トリップなどが「体験」の一環になっている。

サミットに限らずほとんどの学校で、子どもたちにさまざまな体験や興味、アイデアに触れてもらおうと工夫しているだろう。だが、**ただ触れるだけでは十分とはいえない**ので、私たちは彼らが興味をもった対象を**「探る」**機会も用意するようにしている。

たとえばキャンプに行ったときに、枯れて乾燥した木が大量にあることに子どもたちが興味をもったとしたら、それが前述した「パッション・プロジェクト」になる。子どもたちは何週間も何カ月もかけて森林火災について勉強し、ＴＥＤのようなトークで、どう変化を起こそうと考えているかを発表するのだ。

そして最終的に、子どもたちは本当に面白いと思ったものを、さらに深く追い求める機会を与えられる。私たちが**「エクスペディション（探検）」**と呼ぶものだ。

エクスペディションは選択科目のようなものだが、一般的な学校とはその頻度が違う。サミットではじつに**8週間**もこれに当てていて、年間を通じて2週間ずつの期間にわけている。この期間中、子どもたちは選択科目から興味のあるものを選べる。

たとえば**〝STEAM〟**（Science＝科学、Technology＝技術、Engineering＝工学、Art＝芸術、Mathematics＝数学の頭文字をとった教育モデル）から始まり、演劇学、映画、写真、ロボット工学、リーダーシップ・トレーニング、心理学。他にも健康、未来の計画、指導力と社会の分野などが選択肢としてある。デイビッドがテクノロジー企業で働いたように、貴重な仕事の体験として、インターンシップに参加しても構わない。

担当教員のチームは選択肢を掲載した「カタログ」をつくる。ただし一般にイメージするカタログとは違い、**それは選択肢が見られるウェブサイト**の形になっている。それぞれのコースで何をするのかの記述と短い紹介動画、過去のプロジェクトのサンプルや参加した生徒のコメントなどが見られる。

エクスペディション・フェアもあり、そこでは希望者がそれぞれのリーダーと会って話ができる。何かに情熱を燃やしている人に惹かれると、その対象となっているものにも興味が湧くのはよくあること。さまざまな選択肢の中から生徒自身が興味をもったものを選び、そのアクセスが新しい学びにつながっていく。
エクスペディションには重要かつ面白い特徴があとふたつある。

1　生徒自身がプロジェクトを企画し、提案してもよい

2　提供されている選択肢にいくつか、生徒が率いているものがある

どんなに長いリストをつくっても、子どもたちの興味をすべて網羅することはできない。だから、自分ひとりでも仲間同士でもよいので、自ら企画をしてみることを奨励しているのである。そのとき、企画者には他のエクスペディション・リーダーたちと同じ水準を求める。ワクワクしながら計画やアイデア出しのサポートをし、基準に達すれば大きな満足感が得られる。

自分にとって意義のあるものを選んでいるため、子どもたちがエクスペディションに取り掛かるときは常に好奇心に満ち、心を開いた状態だ。もっとも、最初のエクスペディションのあと、実は選んだ対象にそれほど興味がなかったと気づく子もいれば、もっと深く追求しようとひとりでも同じテーマを追い続ける子もいる。

目移りしてもOK！
いつか「本物の好奇心」は見つかる

ほとんどの子どもは、多くのものに触れることで興味の対象を見つける。親はそのことに気を配る必要がある。

親としては子どもが次々と興味の対象を変えていくとがっかりするかもしれない。ひとつのことを続けることができないのでは、と不安になることもあるだろう。

また、新しいことを試すのは、ロジスティクス的にも経済的にも大変な場合もある。お試しといっても、ごく簡単な情報や説明だけを頼りに目星をつけ、体験レッスンやキャンプなどに申し込み、前払い金を支払わなければならないこともある。最初の1回で子どもが気に入らなかったら、辞めさせるか、やりたがっていないことをやらせるかになってしまう。いずれにしても気分はよくない。

できれば効率よく、かつ好奇心をあおり、探索するよう動機づけるようなやり方で体験に触れさせたいものだ。

本を選ぶ、というシンプルな例で考えてみよう。

ティーンエイジャーでも大人でも、本を手にとり、表紙や裏表紙を見て、またすぐ棚に戻すというのはよくあることだ。だが近くに本を読んだことがある人がいて、どこがよかったかを話してくれたら、もう一度手にとる人は多い。以前より情報が増えたからだ。それでも興味が湧かなくても、失われた時間は1分程度で、大したロスではない。さらに実際に読んでみて面白くないと感じたとしても、やはり大したロスではない。

10冊の本を試すのと、10種類のアクティビティを試すのとでは、負担がたいぶ違う。だがある程度多くのものに触れ、本当に追求していきたいものを探す、という考え方は同じなのだ。

衣装デザインを学ぶ1週間のサマーキャンプで、運命の出会いがあるかもしれない。あるいは手芸の本を読んで興味が出たり、『プロジェクト・ランウェイ・ジュニア』（米国のリアリティTVシリーズ。10代のデザイナーが複数誕生した）のエピソードを1時間観て、もう少し観たいと思ったりするかもしれない。

大切なのは、子どもに**「本物の」好奇心を探求させる**ことだ。にもかかわらず、実はそれが作為的な、あるいは義務的なものになってしまっていることが、よくある。

大学から評価されやすい活動を捨てなさい

このあいだ友人からある相談を受けた。「一流大学に子どもを進学させる」のに定評があり、高額かつ人気の高い大学カウンセラーから受けた次のアドバイスについてだった。

「何かひとつを選んでそれを卒業まで続けるように」

これは高校1年生とその保護者たちに向けた理にかなったアドバイスではある。多くのクラブ活動やアクティビティをしていると、ひとつのことにじっくりと取り組んでいなかったのでは、という印象をもたれかねない。大学側も根気や情熱をもって何かに取り組み、熟達しているような子を求める。

ここでの意図は間違っていない。だが残念なことに、こうした**「入試をうまく切り抜ける」マインドセットは、非常に歪んだ結果を招いてきた。**

問題は、その子が打ち込んだ活動に本人が本当に惹かれているかどうか、カウンセラーは気にしていないことだ。そこはどうでもいいからだ。大学に入学するという目的に沿った、大学側が求めていると思われる活動を子どもたちに勧めていたにすぎない。

「告白すると、」友人は切り出した。

「恥ずかしながら実はこれ、私もやったことがあるの。高校のときだからかなり前だけど、やっぱりカウンセラーからアドバイスを受けてね。学校で何か新しい活動を立ち上げるといいって。起業家精神に富んでいる印象になるから。

それで生徒とボランティア活動をマッチングさせるプログラムを立ち上げたの。興味のある活動をリクエストしてもらってそれに合ったボランティア活動を紹介する、という内容だったんだけど、正直かなりいい加減だったわ。大学入学のためだけにやっていたことだから」

皮肉なことに彼女は学校新聞の編集をしていて、そこに情熱をかけていた。すべてのピースをうまく収めて、完成品に責任をもつことに大きな喜びを感じていたのだ。

「新聞に関わることは全部大好きで、楽しくて、すごく時間をかけていた」

そして彼女は現在、出版業界でプロダクト・マネジャーの仕事をしている。

「どうしてカウンセラーは、私が好きなことを追求するよう、アドバイスしてくれなかったのかしら？」

彼女は続けた。

「だって無理やりつくったプロジェクトのほうじゃなくて、新聞のほうに時間を使っているのを、うしろめたく思っていたんだから」

いい質問だ。入学や就職することと、そのための準備とを混合すると、大事なことが見えなくなってしまう。

特定の学校や仕事のために準備するのではなく、自分の求める人生のために準備をすれば、結果的に**「充実感を味わうこと」**と**「受け入れられること（進学や就職）」の両方**が手に入ることが多い。妥協する必要はないのだ。

インターネットを味方につけるための注意点

「情熱に火をつける可能性のあるものに子どもたちをなるべく触れさせたい」という願いを叶える最も強力なツールのひとつは、インターネットだ。もちろん、そう言い切るのもためらわれるほどに、子どもがデバイスやインターネットにアクセスするのにはマイナス面もある。オンライン上には深刻なリスクが存在するのは承知しているが、それでもなお、同時に**前例のない可能性がある**のも疑いの余地がない。

サミットの生徒たちは、自分の進捗をチャートにしたり、プロジェクトのためのリサーチを行ったりと、多くのことにテクノロジーを活用している。

当然ながら保護者からは多くの質問や懸念が寄せられる。子どもがスクリーンに向かっている時間の長さを心配したり、手間のかかる仕事をインターネットに任せているのではないか、と考えたりするのだ。

こうした懸念に対する私たちの答えは、インターネットに対する現実的なアプローチを反映したもので**（インターネットは勝手に作動するわけではないので、子どもには責任をもって使うことを教える必要がある）**、かつ楽観的なものだ**（テクノロジーを活用して得られるものは大きい）**。

グーグル・ビュッフェの権化といってもいい。情報をキュレートし、その範囲内で選択を与える。

いまさら言うまでもなく、**インターネットは子どもたちが好奇心を満たすために情報を探すことのできる場**だ。本の表紙を見ただけのときと数分でも本の中身について話を聞いたのとではまったく興味のもち方が変わるように、**短い動画**から子どもが探求したいものを見つけることもある。

オンライン上での探索は、強力な検索ツールや次々と現れるリンクで簡単にできる。もちろん、これがまさに保護者の心配している点でもあり、子どもがうっかり不適切な、あるいは有害なサイトにアクセスしてしまうことを恐れている。だが私たちがきちんと関わり、指導し、少なくとも最初は制約を設けるようにすれば、インターネットは子どもたちにとって**安全な場となり得る**。

いつかは子どもたちがｗｗｗ（ワールド・ワイド・ウェブ）の世界で独り立ちするのは避けられないので、その準備も必要だろう。

教育に詳しい思想家のジョーダン・シャピロは、テクノロジーに関して、**「制約を強化するのではなく、保護者が子どもと一緒にテクノロジーに関わる」**よう推奨している。

「もし自分の子どもたちが消費主義を促進する悪質なユーチューブ動画を観ていたとした

ら」とシャプロはNPR（ナショナル・パブリック・ラジオ）で語っている。

「その行動がどうして問題で不気味だと私が思っているのかを、話しますね。そして子どもたちにも、そういう考え方をするように教えます。そういう話を何度もしてきたので、**いまでは子どもたちもユーチューブを観るときに、まずは必ず誰がお金を出しているのか、何を売ろうとしているのか、**を自問しています」(4)

私たちは国内の40の州の教育者たちやコミュニティーと提携しているので、インターネットが地理的、社会経済学的なバリアを取り除いてくれる点も重要だと認識している。小さな町や地方に住んでいる人たちにとって、インターネットは興味の対象となり得るものに満ちた世界へのアクセスだ。

たとえニューヨークのような都会に住んでいたとしても、直接触れられるものには限界がある。そこで図書館に行けば世界が広がるが、インターネットの役割もそれと変わらない。

オンライン上では、子どもたちは学校やコミュニティーで提供される共通の興味に制限されることなく、自分の興味があることへアクセスできる。大きいテーマでも些細な調べごとでも、どんなことに関しても情報を見つけられるうえ、費用もあまりかからない。

テクノロジーの進化を踏まえ、米国小児科学会は2016年にスクリーンを見る推奨時間を見直しているが、その変更についてはあまり知られていない。

6歳以上の子どもについて、特定の制限時間を推奨するのをやめたのだ。いまではそれぞれの家庭でメディアの使用時間の計画を立て、その中でメディアに接しない時間（夕食の時間など）や場所（寝室など）を決めるよう推奨している。さらに睡眠や運動、社会的な活動が犠牲にならないよう、合理的な時間枠を決めることも勧めている(5)。

もうひとつ付け加えると、子どもにとって好奇心をもち、探索し、オンラインで学ぶことに関して、とてもいいお手本になり得るのは保護者だ。

それでも知識が大切な理由

一見断片的な「情報のピース」を「大きな絵」に当てはめる方法を教えることでも、子どもの好奇心を引き出せる。どういうことか。

たとえば10歳のエリーが「どうして50の州があることを勉強しないといけないの？」と両親に質問したとき、その答えは「そういうものだから」だった。ほとんどの保護者は、似たような質問に対して、直観的に同じような返事をしようとするのではないだろうか。

だが子どもたちはそうは考えず、意味がわからないと反発を覚える。

エリーの質問は、実は両親にとっていい機会だった。**最近エリーが本で読んだことや考**

えたことと関連させて、「50の州」について知っていることがなぜ大切か説明することもできた。

たとえば中西部の5つの州で大吹雪の予報が出ていて、ゆっくりとした速度で国中のいたるところに移動していくとする。吹雪がもたらす結果を理解しようとするなら、全土の何パーセントが影響を受けるのかを考えなければならない。両親は、エリーの質問に対してそういう表現で答えることもできたのだ。アメフトの祭典スーパー・ボウルや大統領選挙が近づいていたとすると、その規模も、全国の州について把握していないと理解できない。

子どもの質問の答えがわからないときは、絶好のチャンスだ。子どもと一緒に興味をもって探ってみよう。

そのときに、インターネットを使うことも多いだろう。子どもと並んで座り、2人とも回答がわからない質問の答えを探そうとすると、何が起こるだろう?

まず、学びを促進するのに、**責任をもってテクノロジーを使用するお手本**を見せられる。そして、**協力して物事に取り組む姿勢**も教えられる。私たちが何を大切に思い、世界をどう見ているかについての**会話のきっかけ**にもなる。そして何より大切なのが、**子どもたちが私たち自身も学び続けているのを見る**ことだ。

第10章

どんな仕事でも「成功に共通するスキル」

9年目になると、サミットは大きく成長し、発展した。サミット・スクールは4校に増え、さらに2校の開校を予定していた（ちなみに学校にはすべて山の名前がついていて、究極のゴールを目指して生徒たちと私たち組織が登ってきた道のりをいつでも思い起こさせる）。入学希望者の長いウェイティング・リストができ、保護者からは「近くにサミットを開校してほしい」という手紙が山のように届くようになった。

初年度につくったガタつく馬車は、生まれ変わっていた。とはいえ、シンデレラの馬車とは違い、魔法の杖で一瞬にして変わったわけではない。10年近くの集中的な努力と、改善に向けた妥協のない姿勢が、サミット・スクールのすべての生徒を確実に「学びの旅」に連れていける乗り物をつくり上げたのだ。

それでもまだ、次なる課題が出てきた。

9年目——それはつまり、5期の子どもたちが高校を卒業し、1期の子たちは4年制大学を卒業する年だ。多くの1期生たちは大学の卒業証書を手にする予定だったが、それが全員ではなかった。そこで、私たちは組織全体でこの問題に取り組むことにしたのだ。

サミットの1期生の55パーセントはその年、学士号を取得する予定だった。これは全国平均の2倍で、低所得層およびマイノリティーの学生たちにとっては約8倍だった。優秀な数字だし、サミットは国内ランキングで名が知られるようにもなったが、それでも私たちは落ち着かなかった。**なにしろ45パーセントの子どもたちは4年制大学を卒業できる単位を取っていない**のだ。

ほとんどの高校の卒業生はせいぜいサミットの卒業生の半分以下しか大学を卒業できないのだとしても、関係なかった。私たちは相対的な評価ではなく、いつでも子どもたち全員という基準で考えていたからだ。私たちにとって、生徒全員の成功といえば、文字通り全員だった。55パーセントでは十分ではない。

サポートしすぎるという罠

状況を把握するため、私たちはサミットの卒業生にインタビューを行った。すると中には2年制のプログラムを選んだ子や、熟練した電気技師のようなキャリアへの道を選んだ子がいることもわかった。大学の高い授業料が負担になっている子、州立大学で受けられる授業が少なく、卒業までに時間がかかっている子もいた。

つまり全員が4年制大学を卒業しない正当な理由はあったわけで、それを言い訳に利用することもできたのだが、私たちはこの課題に取り組むことに決めた。

大学にとどまらなかった子たちから繰り返し聞いたのは、私たちは「サポート」をしすぎていたということだった。生徒たちがつまずくと、あるいは落第のリスクがあると、教師たちが**「引き上げて、抱きかかえて」ゴールラインを超えていた**という。次の道標までは連れていけたかもしれないが、その過程で、**本人がそのスキルを身につける機会を奪っていた**。大学に入ると私たちはもういないので、多くの子がよろめいていたのだ。

胸をえぐられるような気持ちがしたのは、確かにその通りかもしれないと思ったからだ。私たちは、生徒たちを大切に想うあまり、成功に導くためにできるかぎりのサポートをしてきた。そしてその最中にも、心の奥深くでは、後にこれが問題となるかもしれない、と薄々感じていたのだ。

親がよくするように、私たちは自分たちの行動を正当化していた――いま介入しなければ将来へのチャンスさえなくなってしまうと。そして実際に行動してよかったというケースも多かったし、大きな失敗は避けてきた。

だが小さな失敗を体験させて、サポートをしながら学ばせることもできたはずだ。私たちは再びゼロから考え直すことにした。生徒が現実の世界に向けて準備するために、**もっと他に何をすべきだろう。**

学習理念をデザインして形にする

サミットに80人近くの教育者たちがぞくぞくと集まり始め、軽快なポップスのBGMが気分を盛り上げていく。教員たちはハグやハイタッチで挨拶し、コーヒーを手にする。学校の1期生たちが描いた巨大なハスキー犬の壁画が入り口を彩り、広いオープンスペースの梁《はり》には、さまざまな大学のペナントが何列も飾られている。

生徒たちが「エクスペディション」を行っているあいだ、教師たちが一堂に会してこのプロフェッショナルな時間をもつことにしていた。

これからの48時間は、濃密なものになる。

2日間にわたって、サミットの生徒とそれ以外の生徒、それぞれ9歳から18歳の生徒に何度か話を聞き、**学習理念を「模型」の形で「デザイン」して表現する**ことになっているのだ。

この新たな学習理念をデザインする場を、私たちは**「イノベーション・サミット」**と名付けた——語呂合わせは意図的だ。それは、この先1カ月の非常に生産的かつ深遠な仕事の、キックオフだった。

開始から1分たりとも時間を無駄にすることはなかった。15分以内に、全員がランダムに指定された13のデザインチームにわかれ、早速作業に取りかかる。

最初の仕事は場所を確保し、6人のチームが2日間作業するための「デザイン・スタジオ」を手早くつくることだ。教師に校長たちは、可動式ホワイトボードや運搬用の木箱、ビーンバッグ・チェア、毛布、枕などが山のように集められたところから、必要なものを選んでいく。数分間経つと、すべてのチームは独創的な作業場をつくり上げていた。ポストイットやマーカー、包装紙などが入ったバケツも各チームに用意されている。

アダムはすでにマイクをメガホンに取り替えていた。彼はいまやサミットのチーフ・アカデミック・オフィサーで、1年以上も前からこの日のために物品を買い込んでいた。

アダムの横には、コーチのフレドリックが立っていた。フレドリックは、グーグルの「ガレージ」で働いていて、大きな問題のソリューションを探るのに、チームでデザイン・プロセスを用いる指導経験が豊富だった。

シンプルだが最強の質問は「どうして？」

サミットでは、どんな判断をするときにも必ず「**子どもたちにとって何がいちばんいい**

のか？」を考えてきた。あまりにも何度も繰り返してきたので、この質問はどんなときでも判断基準として私たちの頭に浮かぶようになっている。

ただ、いつも私たちは子どもたちにとって何がいちばんかを「特定の状況下」で考えていた。日々のスケジュールはどういうものが最適なのか？　どのプロジェクトがいいか？　どの課題、開始時間がいいか？

だがこの日、私たちは「もう一歩先」に進もうとしていた。もっと壮大な質問をしようとしていたのだ。

「もしまったく制約がなかったら、子どもたちにとって最高の学校とはどういうものか？」

フレドリックは、すでにデザイン・マラソンについて考える手助けをしてくれていた。出発点となるキーワードは**「共感」**だ。私たちは子どもたちについて、生活も含めてあらゆる面から理解しようとつとめた。インタビューに備え、全チームの手元には、卒業生について集めたデータ、在学生のフィードバックやインプットが揃えられた。

フレドリックとアダムは、インタビューでは**「子どものような頭」**で臨むよう、教師たちにコーチングした。すべてを好奇心と興味をもって聞くこと。こちらが話しすぎたり、質問をしすぎたり、長い質問をしたりしすぎないよう注意すること。そのためには、**シンプルに「どうして？」と質問する**のがいいという。

準備が終わると、いよいよインタビューのスタートだ。

最初のうちは、自分の考えを共有するのをためらう子どもが多かった。だがほどなく、子どもたちは語り始めた。

学校でうまくいっていること、そうでないこと——**子どもたちが話す内容の驚くほどの多さ**に、どのチームも気づかされた。

地元の学校に通っている5年生のカイの例がとくに印象的だった。彼にとって、学校はうまくいっていなかったのだが、インタビューしているチームには、それが理解できなかった。なぜならカイには深い洞察力があり、コミュニケーション能力に長《た》け、礼儀正しく、面白い少年だったからだ。こんな子が、学校には居場所がないと感じ、学校に行くのが嫌いだとはどういうことか？　もしそうなら、そもそも行く必要があるのだろうか？

チームのメンバーたちは、言われていた通りに質問を続けてみた。

「どうして？」

すると、いろいろなことが見えてきた。カイは裕福で恵まれた家庭で生活していて、頭の中には空想の世界が広がっている。好奇心旺盛で質問をたくさんするタイプだが、それに対して学校の先生は適切でないと判断したり、答える時間がなかったりしていた。与えられる課題も退屈だ。そもそも学校が自分の役に立っているのかどうか、疑問を感じていたのだ。

教育と自動運転の共通点

2日間のあいだチームは、生徒へのインタビューと、聞いた話をもとにアイデアをデザインするというふたつの作業を交互に行っていた。子どもたちは戻ってくるたびにチームの提案やプロトタイプに反応し、子どもたちが帰っていくとチームは改善に取り組んだ。

カイのフィードバックは、チームに打撃を与えた。チームのアイデア――子どもたちには、興味を探求する機会が必要だ――はよかったものの、カイにとっては肝心な点が欠けていた。**「この計画は、具体的にどう自分の役に立つのか？」**を彼は知りたがった。そして**「自分が興味をもったことを勉強させてくれるだけでは、学校に行く理由にはならない」**と指摘したのだ。

壁にぶちあたったのは、カイにインタビューしたグループだけではなかった。初日のどこかの時点で、あるチームがタイムアウトを要求し、多くの人の頭をよぎっていた考えを口にしたのである。

「いま出ているアイデアは、従来の学校で実践されてきたものとはまったく違うものです。やってみて、もし私たちが間違っていたら？　どうすれば責任をもって、子どもたちを実験的なことに巻き込めるのでしょう?」

直前までエネルギーに満ち溢れていた場は、静まり返った。

それまで穏やかにサポートに徹していたフレドリックが、ここで一歩前に出た。全体の士気を上げ、行き詰ったときにはサポートするのが彼の役どころだ。人の人生を左右するような局面で、これまでとは違うものを創造するときに現れる深刻な不安や緊張を察知し、フレドリックはゆっくりと話し始めた。自分の自動運転車の仕事についてだった。

「もしかしたら学校と、そんなに変わらないんじゃないかと思うんだ」彼は言った。

「自動運転車に取り組み始めたのは、人々の生活をよくするためだった。これまで運転していた時間を、好きなことをする時間にあてられると想像してみてほしい。目的地にも、ずっとゆったりした気分で到着できるだろう。交通渋滞も緩和され、運転手の過失や不注意で起こる、多くの交通事故を減らすこともできる」

ここで彼は言葉を切った。そして長い沈黙のあと、言った。

「でも、**リスクもある。**どこかの時点で、私たちの自動運転車は、道路で試験運転を始めなければならない。もし何か間違いがあったら? もし誰かを傷つけたら? あるいはもっとひどいことに、人を死に至らしめるようなことにでもなったら?」

私はフレドリックが言わんとしていることに気づいて、思わず息をのんだ。

「アメリカでは毎年、3万人の母親、兄弟、姉妹、息子、娘、父親たちが、防ぐことのできる自動車事故で命を落としている。これまでに、身近な人を自動車事故で亡くしたことは？　できることがあるのに、何もしないのは道義に反すると思うんだ。でもリスクはある」

彼は私たちの顔を見て、続けた。

「**できることがあるとわかっていて何もしないのは、倫理にかなっているだろうか？** あなたたちが行動しなければ、どれだけの息子さんたち、お嬢さんたちが道に迷ったままでい続けるのか、考えてみてほしい」

彼が話し終えたあとも、沈黙は続いていた。やがてゆっくりと、みんなチーム作業に戻り始めた。そして密かに、こう考えていたと思う。

「私たちが子どもたち全員に対して準備をしようとしていなかったのだとしたら、誰が犠牲になっていたのだろう？」

生徒のニーズへの答えを形にする

その後、パイプクリーナーや粘土、色紙などを使って、各チームひとつずつ学校の模型をつくった。テープや糊《のり》でとめられたプロトタイプはざっくりしたものだったが、子どもたちのためを思えば、どんな学校になるかのアイデアを伝えていた。

2日目の終わりに、それぞれのチームが自分たちの学校の模型を、子どもたち、保護者たち、教員、コミュニティーのメンバーたちに向けて発表した。そしてコンペティションが始まった。

全員におもちゃのお金が配られ、いちばん気に入った学校に投資するルールだ。子どもたちには大人より大きい金額が割り当てられた。インタビューを受けた子どもたちは全員、保護者と一緒に来ていた。全額を1校につぎ込むか、複数校に分散するかも各自の裁量に任された。

最終的に、「チーム・ノーチラス」が優勝した。カイと作業していたチームだ。彼の的確かつ率直なフィードバックは厳しいものだったが、チームは逃げ腰にはならなかった。最初のプロトタイプは捨て、古い考えも手放し、カイがいいと思って敬意を表してくれるものをつくろうとしたのである。

彼らのデザインは**「マイ・パス（私の道）」**と名付けられ、統合的な学習体験を特徴としていた。子どもたちの興味や情熱から引き出された学びを、大学や企業が求めているスキルと明確に結びつけるものだった。

子どもたちはアプリで「将来何をしたいか」を選ぶことができ、「そのためには学校での学びがどう役立つのか」も知ることができる。選択肢すべてをじっくりと見て慎重に考えたうえで、カイは自分のお金を全額、マイ・パスに投じた。

ある面から見れば、これは明白なことに思える。学校は、子どもが求める将来に向けて、準備をするべきなのだから。

一方で、不可能なことにも思えた。

もし全員が違うものを求めたら？　カオス状態になるのではないだろうか？

それぞれが違う大志を抱いていたら、全員が自分の必要なことを学べるだろうか？

——答えは、**共通するスキルに集中すること**だった。

全員に必要なスキルをあぶり出す「逆行マッピング」

1カ月後、私はサミット・エベレスト・スクールの教師たち全員と並び、壁を見つめていた。私たちの校舎の中で、一番大きな壁だった。

目の前の壁を埋めていたのは、たくさんの「計画」だ。色紙に印刷され、付箋《ふせん》がたくさん貼られた計画。傍《はた》からは、爆発したオフィス・デポの通路のように見えただろう。

それも、ただの計画ではない。イノベーション・サミット以降、生徒たちが求めるゴール（大学、キャリア、人生に必要なもの）から逆算して、誰にも共通して必要とされるスキルをあぶり出した――**「逆行マッピング」**した計画である。

カイや他の子どもたちが気づかせてくれたのは、**「子どもたちは自分がどこに向かっているのか、どうやってそこに到達するのかを知りたがっている」**ということだった。

教師にしてみれば、**「教えと学びの地図」**をつくり、着地点をはっきりさせておければ、生徒に適切な準備をさせてあげられる。それが逆行マップなのだ。**「学習体験の終わりには何を生徒が知っていて、できるようになるのか」**、そして**「そこに行き着くまでには、何をするのか」**を教師は把握できる。

逆行マッピングは、従来の授業とは対照的だ。車にたとえると、これまでは目的地を定めずに運転していたようなものだった。走っている途中で運よく素敵な場所を通りかかるかもしれないが、必要な場所に辿り着く手段としては、いかにも頼りない。

実は最初から、サミットの教師たちは逆行マッピングされたカリキュラムをもっていた。それぞれの教師はプロジェクトや学びの体験を開発し、子どもたちに年度末に期待する成果に向けて道をつくっていたのだ。

同僚と協力し、ときに一緒に教えることで相乗効果を生み出していたが、内容を揃えるまではしていない。最終的に、計画はそれぞれに個別のコースを教える教師のものだった。

それぞれのコースは異なるスキルにつながり（そのすべてが大切ではあるが）、特定の科目間で調整されたり、統一されたりはしていない。ここが問題だった。

教師の連携不足はなぜ起きるのか

たとえば歴史教師ホール先生が教える高校2年生のクラスでは、植民地政策に関するプロジェクトが進行中で、生徒たちには調査するためのスキルを伝えている。一方で、中学の歴史の先生と子どもたちには、必要な調査スキルやどのくらい身につけているべきかなどの詳しい話はしていない。

もとを辿れば「教師の孤立」は、かつて教室がひとつだけの校舎で、それぞれに教師がひとりで仕事をしていた歴史からきているものと思われる。

次に、教師は専門の教科だけを教えるという、学校の産業モデルに移行した。それでも、仕事の孤独な側面はそのままだった。単純に忙しくて同僚と過ごす時間がないからという理由もあっただろう。ほとんどの教師にとって、職場で子どもと直接向き合っていない時間は、わずか1時間未満だ。他の同僚と空き時間が合うのさえ難しい。それ以外では、子どもと携わらずに同僚たちだけと集まれる日は年間5、6日しかないのが一般的だ。**教えるのに時間が奪われ、なかなか協力する機会はない。**

つまりほとんどの教師は、**何をどのように教えるか、子どもに他教科を教える同僚たち**

と調整せずに決めているわけだ。

逆に生徒の側からすると、何を学ぶべきかについて、1日に5、6種類の異なる見方に接するということになる。それはすなわち、高校の4年間でひとりの子どもが、少なくとも20種類のスキル、知識、習慣の解釈に接することを意味する。

子どもたちが理性的になろうとすればするほど、将来に対する準備のための共通スキルを磨くのではなく、それぞれの教師が求めるものにいちいち集中せざるをえなくなる。

だが、教師間で共通の合意やアプローチがなければ、どうやって子どもたちは共通スキルを身につければいいのだろうか？

イノベーション・サミットのおかげで、私たちはこの矛盾に気づき、子どもたちの立場から物事を見直すことができた。

「共通の認識」はなぜ重要か

私たちのコースはそれぞれによく計画されていて、重要な学びに向かっているが、子どもからするとまとまりに欠けていたのである。これでは、最も大切なスキルを何年も磨き続け、熟達の域に達するのは難しくなる。

スキルの呼び方が違っていたり、異なった方法で計測したりするのは、教師側からするとたいしたことではないかもしれない。ときには、ある教師が「命題を展開する」と言っているのは、別の教師が「主張する」と言っているのと同じだと気づいたりする。そして時間があれば同僚の成績スキーマを見て、言葉や説明が異なっていても、基本的に同じことを言っているのだと確認する。

だが、こうした類似点の認識は、教師間だけで終わってしまう。子どもたちにとっては、コースや科目は別のもので、互いに関連のないものだったからだ。究極的に、熟達すべきスキルについての論理的なパターンや明確なメッセージは得られなかったのだ。

スポーツ選手を参考にしてみたら、どうなるだろうか。全世界の人が100メートル競争とはどういうものかを知っていて、測定法についても合意がある。世界最速のタイムや、初心者のスピードの目安、プロ選手の標準タイムもわかっている。

たとえば10歳の少年が、地元の公園で両親に手伝ってもらい、タイマーと巻き尺を使って自分がどのくらいのスピードで走れるか、正確に測ることもできる。彼は自分の現在のアスリートとしての能力を判断できるのだ。

さらに大事なことに、**その情報をもとに何かを始める**ことができる。もっと走るのがうまくなりたいと思えば、その助けとなる無数のリソースにアクセスでき、毎日上達しているかどうかを判断する方法も豊富にある。もちろん専任のランニング・コーチがつけば、少年がひとりで、あるいは友だちや両親と取り組むよりも成果は上がるだろうが、能力を伸ばすのに専門家だけに頼ることもない。

私たちは子どもたちが大切なスキルを身につけるのに、専任のコーチと一緒に学ぶのと同じ能力とツールを毎年提供したいと考えた。それには、専門性だとか、重要な共通のスキルが何かといったことについて、共通の認識が必要だ。

企業はこんな「共通のスキル」を求めている

アスリートがスポーツで成果を上げようと思えば、一般に受け入れられている一連のスキルを身につける必要がある。サッカーなど特定のスポーツ、あるいは野球のピッチャーなど特定のポジションに限定されるスキルもあるが、すべてのスポーツに共通するものも多くある（すべてのアスリートは循環器の状態がよく、強く敏捷《びんしょう》であることで恩恵を受けるだろう）。

同じことは人生についてもいえる。

コミュニケーション・スキルやクリティカル・シンキング、問題解決の能力は、誰にとっても大切だ。こうした一般的なスキルが身についている人に対して、私たちは必要な資質を有していると感じ、採用したいとも思う。こうした資質は企業が求めるものとして、次のようなリストにも反映されている。

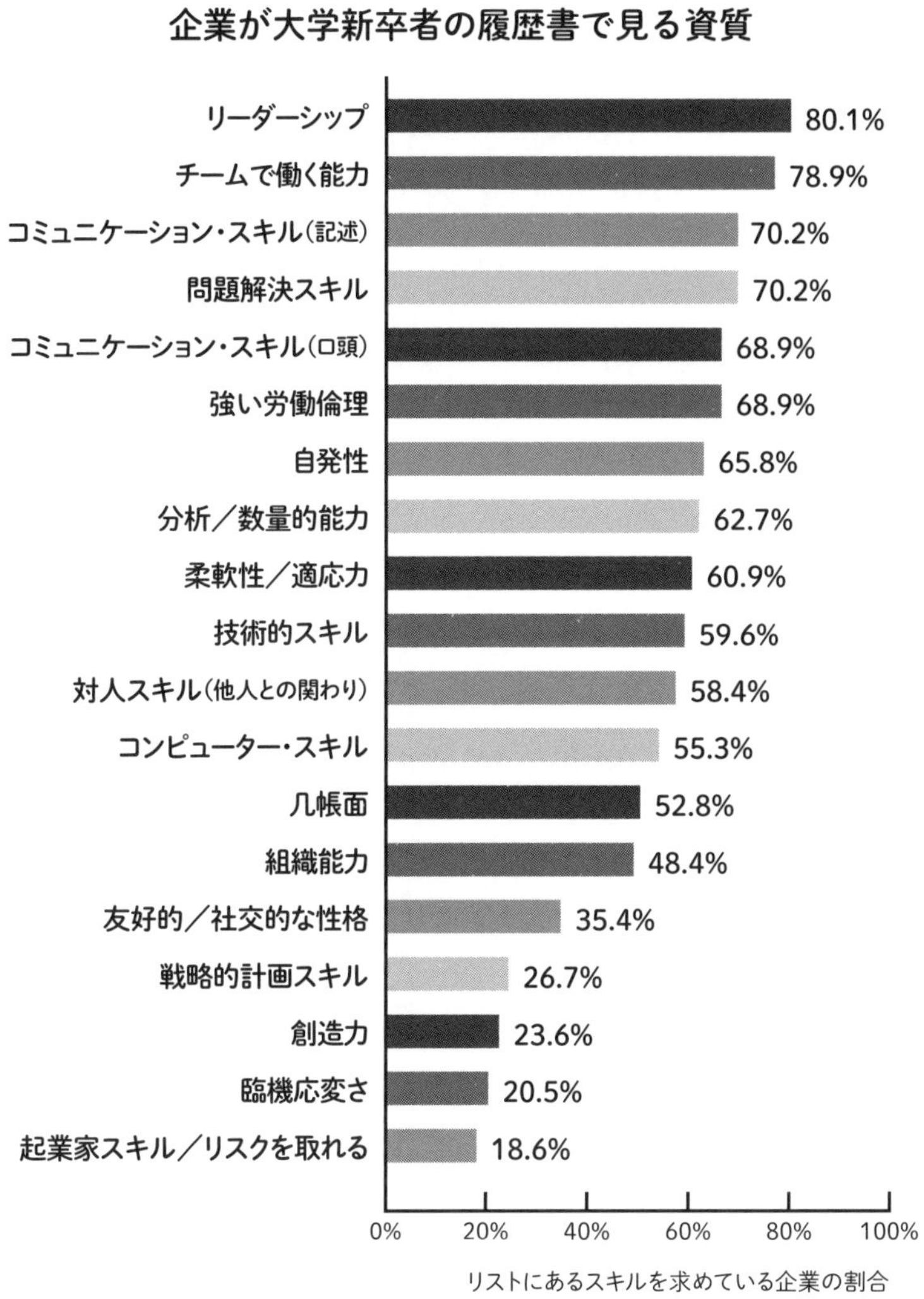
企業が大学新卒者の履歴書で見る資質
リーダーシップ 80.1%
チームで働く能力 78.9%
コミュニケーション・スキル（記述） 70.2%
問題解決スキル 70.2%
コミュニケーション・スキル（口頭） 68.9%
強い労働倫理 68.9%
自発性 65.8%
分析／数量的能力 62.7%
柔軟性／適応力 60.9%
技術的スキル 59.6%
対人スキル（他人との関わり） 58.4%
コンピューター・スキル 55.3%
几帳面 52.8%
組織能力 48.4%
友好的／社交的な性格 35.4%
戦略的計画スキル 26.7%
創造力 23.6%
臨機応変さ 20.5%
起業家スキル／リスクを取れる 18.6%
0%
20%
40%
60%
80%
100%
リストにあるスキルを求めている企業の割合

見るからにすばらしいリストで、挙げられた資質の重要性に異を唱えるのは難しい。だが同時に、かなり一般的なリストでもある。

柔軟性というのは具体的にどういうことで、備えているかどうかは、どうすればわかるのだろう？

リーダーシップがあるとは、どういうことか？　起業家スキルとはどう違うのか？　自発性がある人は、リスクをとる人でもあるのだろうか？

科学が証明！　成功するための7つの共通スキル

サミットで共通のスキルを教えるのなら、それを特定し、定義し、測ることもできなければならない。

そこで私たちは科学的なエビデンスを調べ、専門家に相談した。そして私たちの基準を満たす7つの共通のスキルに焦点を絞ったのである。

特定し、定義し、測ることができるだけではなく、教えることのできるスキルだ。

企業のリストにある大きな資質ではなく、うまくいく習慣、特定の知識を互いに組み合わせることで、リーダーとなる人、コミュニケーション能力のある人、問題解決のできる人になる。

私は共通のスキル、うまくいく習慣、知識について思い描き始めた。レゴのように、あらゆる方法で組み合わせられ、最終的に人生に必要なハイレベルな資質が身につくのが理想だ。

「教師全員が共通のスキルを同じように開発できる」という前提のもと、私たちはさまざまな領域にまたがる200以上のプロジェクトを綿密に計画した。それぞれのプロジェクトは生徒が積み重ねていけるように——同じスキルを繰り返し練習しながら確実に進歩するように考えられていた。ちょうど野球選手が毎日毎日、何年間も素振りをし続けるのと同じように。

子どもたちがサミットの高校1年生になると、共通のスキルに取り組み始める。英語と歴史で4年間、科学では2年目と3年目に練習する横断的なスキルで、その軌跡をずっと追うことができる。

巨大な壁を一緒に完成させるのは、簡単ではなかった。

教師というのは、えてして教えることを自分で決めるのが好きなもの。サミットでも全員が子どもたちを第一に考え、組織的にアプローチすることには賛成していたものの、カリキュラム全体として何が正しい方向なのかを見極めるために、個人個人が諦めなければならないものも多かった。

共通のスキル・ルーブリック(評価基準)

科目にまたがるプロジェクトは以下の36のスキルをもとにしている。

テキスト分析	テーマ/中心思想 視点/目的	発展 言葉の選択	構造
プロダクトとプレゼンテーション	正確に明瞭にコミュニケーションをとる コミュニケーションのマルチメディア 口頭プレゼンテーション		
質疑	質問をする 設計問題を明らかにする	調査を計画し実行する 仮説を立てる	
分析と統合	情報を整理し、説明する パターンと関係を明確にする 比較/対照する モデリングする 正当な主張のためのデータ/情報の解釈	関連づけと推測 論拠を評価する 矛盾した設計解を評価する 設計解をつくる エビデンスに基づいた説明をする	
スピーキング/リスニング	エビデンスに基づいた議論に参加する 規範/アクティブ・リスニング		
創作/ライティング	議論的主張 情報の/解説の論文 物語 反対要求 エビデンスの選択	エビデンスの説明 エビデンスの統合 編成(推移、結合、構成) イントロダクションと結論	
ソースを使う	重要なソースを選ぶ ソースを文脈に当てはめる 複数のソースを統合する		

かくして私たちは1カ月間ものあいだ、どのスキルを採用するか、どう説明するか、子どもにどう教えるのがいちばんいいのか、活発な議論を繰り広げていった。科学やエビデンスをもとに、学習についての社会通念の仮面を剥《は》ぐ作業にもかなりの時間を割《さ》いた。

結局のところ、私たち教師はプロフェッショナルであり、「子どもたちにとって何がいちばんいいのか？」という質問は呼吸するのと同じくらい、自然と身についているものだった。

巨大な壁の計画は、この質問に対する答えで、こう言っていた。

「子どもたちにとっていちばんいいのは、大人として成功するための共通スキルを透明化すること。子どもたちにとっていちばんいいのは、私たちが日々、そうしたスキルを身につけて発展させる手助けをすること」

あの1カ月の作業は、基本的であり、アカデミックであり、かつ劇的だった。私たちがオープンなマインドセットでスキルについて考え、結果を出せたのは、イノベーション・サミットでの体験のおかげにほかならない。もし恐れなくていいのだとしたら何をするか、を問われたからだ。

学びの発表は「祝典」に

その日、サミットの「学びの祝典」の夕べが開催されていた。子どもたち一人ひとりが自分専用の場所で、**直近の学びを公開し、みんなで共有する。**

取り組んでいたプロジェクトによって、完成品はさまざまだった。**エッセイや模型、マルチメディア・プレゼンテーション。**参加したソクラテス・セミナーの**ノート**を持ち込んでいたり、**自分のスピーチの録音**を流したりしている子もいた。ユニークなところでは**模擬裁判の写真**や、**政治家に宛てた手紙**、**数学の公式を使って創作したアート作品**などなど……。

子どもたちみんなの作品の質や能力を見るのは感動的だったが、私にとって最高の楽しみは、彼らの反応だった。

子どもたちは、プロジェクトに取り組むにあたって自分の設定したゴールについて語ってくれた（とくにどのスキルを伸ばすことに取り組んでいるのか？　どうして？）。

さらにどういう計画を立てたのか、どう実行したのか、成長できたと思ったこと、まだ足りないところ、次のプロジェクトに向けてどういう学びを活かせるのか、話してくれた。

「短期集中コースのプロジェクトを始めたとき、」と黒髪でそばかすのある2年生のジャッキーが、文章と映像にしたエピソードについて口を開く。

「私は議論的主張のスキルには、自信がありました。でも編成スキルは弱かったので、そこに取り組もうと思いました。とくに推移の領域です。それと、重要なソースを選ぶスキルも。前のプロジェクトでは、そこがうまくできなかったので」

彼女のまわりの人たち――保護者たちや、幼い兄弟など――は互いに顔を見合わせ、感銘を受けたことを確認し合っていた。

何度こうした会話を交わしていても、私はいつでも話している相手が学校の生徒だということに驚いてしまう。議論的主張、推移、重要なソースを選ぶ……そんな言葉遣いをする子どもがいるだろうか？

ジャッキーは自分の強みはどこか、どうしてわかっているのだろう？

それはもちろん、**練習を積んできたから**に他ならない。

自分のスキルを測るための言葉も教わってきた。来る日も来る日も、同じスキルを練習してきた。ひとつのクラスでだけではなく、すべてのクラスで、1年だけでもなく、毎年だ。

「重要なソースを選ぶスキルを強化することを、ゴールとして設定したのね」

私は訊いてみた。

「具体的には、どう取り組んだの？」

私の大好きな質問だ。**こう投げかければ子どもたちは、言おうと決めていたことではなく、心からの声を自由に話してくれる。**

自分の成果を見にきてくれた保護者に向けて、単に毎日していることを発表するだけでは、特別な話にはならない。より重要なのは、失敗したことや、どんなフィードバックを受けたか、教師や他の生徒たちとどう取り組んだか、あるいはピンときて前進できるようになったきっかけが語られることだ。

ジャッキーは、そうしたことも詳しく話した。彼女の場合、メディア・ソースにバイアスがかかっている場合があることや、水準が一定していないことに気づいていなかったという。

そのことに気づいてからは、情報のソースについて調べるようになり、資金の流れやミッションを理解しようとするようになった。正しいと信頼していた情報の背後に「誰がいるのか」を知るのは大切で、彼女は異なる意見や対立する立場のこともよく考えるようになった。

他にも私の質問に対して、「思ったより捗らなかったので、さらに続けていきます」と答える子もいた。彼らはちゃんと**自分を客観視できていて、楽観的でもある。**次のプロジェクトがあり、そこでさらにスキルを磨くチャンスがあるとわかっているからだ。

どの生徒と話してみても個性的で、それでいて共通点もある。

全員に、何かしら得意なものがあること。そして全員に、取り組んでいる課題もあることだ。

人が本物の問題に取り組んでいるとき、大きな質問に答えようとしているとき、本当に真剣に取り組んでいるときに、**完璧な答えなどというものはない。**だがそれでいいのだ。大切なのは、成長を続けることだから。

第11章

最高の将来へつながる「確実な進路」

2007年のうららかな春の午後、ここ数年間にないくらい、私の心は軽かった。サミットを立ち上げてからというもの、毎日がストレスや心配ごと、難しい問題の連続だった。だがこの日、私の心は安らかだった。

なんといっても今日は、4年間メンタリングをしてきた子どもたちが卒業を控え、私と最後のミーティングをする日だったのだ。特別に地元のファミレスへランチに繰り出した。4年間のあいだに、家族のようになっていた私たちは、声を立てて笑い、冗談を言い、からかい合いながらキャンパスに戻る。

だが、このあと予想外の出来事が起こった。サミットに着くと、鍵のかかったオフィスの前でひとりの青年が待っていたのだ。ラテン系で20代後半、どことなく馴染みのある気はしたものの、誰なのかはまったく見当がつかない……。

ちょっと緊張しながら近づいていく。すると私の顔を長いあいだ見ていた彼が、やがて誰だか認識してほっとしたようにゆっくりと手を挙げた。私のうしろには生徒たちがアヒルの子のように1列に続いている——みんな好奇心いっぱいで、人のことに首を突っ込みたがる子たちで、私に対しても例外ではないのだ。

青年が口を開いた。

「シェーファー先生？　じゃなかった、タヴァナー先生ですね？」

私の旧姓を知っている？　で、突然、思い出した。ホーソーンで教えていた生徒だ。

「マテオなの？」ためらいながら訊くと、「はい」と安心した様子の答えが返ってきた。

片手を胸に当てる仕草は、昔と変わらない。「どうしても、お会いしたくて」

「何かあったの？　大丈夫？」悲しいことに、ホーソーンの生徒が何か知らせてくるときには、悪いニュースがあるのでは、と思う癖《くせ》がついていた。

「はい、うまくいっています」彼は急いで言った。「ベイエリアに家族と来たので、どうしても**先生を探してお礼を言いたかったんです**」

「え？」不意をつかれて、私は訊き返した。「何のお礼？」

生徒が本心とは違うことを言うとき

——マテオに最初に会ったのは、ホーソーンで彼が2年生のときだった。私が受け持っていた英語の大学準備クラスに入ってきたのだ。コツコツタイプの生徒で、授業にきちんと出席し、宿題も常に終わらせていた。ときどき授業のあと、読んでいる小説や生活全般について話をした。ユーモアのセンスがあり、ガールフレンドがいることや、一族の中で、大学に進学する最初の人になるという夢を教えてくれた。

そのとき私は学生新聞の教員アドバイザーだったので、彼をその活動に誘った。それから2年間、彼はとくに信頼のおける勤勉なレポーターのひとりとなった。最上級生になった秋、彼は州立大学への出願準備を手伝ってほしいと言ってきたが、意外なことに成績面で問題があった。私のクラスでは優秀だったが、書類を見ると他のクラスでの成績にはバラつきがあったのだ。

さすがにがっかりしたマテオだったが、どうにか気を取り直した。ホーソーン・ハイスクールを卒業したあと、地元のコミュニティー・カレッジに2年間通い、そのあと州立大学に編入するというのが彼の計画だった。

マテオが卒業していった翌朝、私は学校の教室に戻って荷物を片づけていた。北カリフォルニアに先に行っている、夫のスコットのもとに引っ越すためだ。

キャンパスには、前の晩のパーティの残骸が溢れていた。1998年卒業を祝うバナーがそこかしこに散らばり、紙吹雪や色テープが朝露に湿って哀しげに見える。そうしたものから目を背《そむ》け、作業に取り掛かろうとしたときに、ノックの音が聞こえた。ドア口には、マテオが立っていた。

「シェーファー先生。あ、間違えました。タヴァナー先生」

子どもたちは、まだ私の結婚後の呼び名に慣れていなかった。

「あら、マテオ。どうしたの？」会えたのは嬉しい反面、心配にもなった。卒業式の翌日に、どうしてここに来たのだろう？

「何か手伝うことがないかと思って」

絶対におかしい。声の調子がいつもと違うし、私の目を見ようとしない。

「ありがとう。助かるわ。そうね、ここにある箱を動かすの、手伝ってもらおうかしら」

私はつとめて冷静さを保とうとした。間を与えれば、何が起こっているのか、自分から話してくれるはずだ。

頭を垂れてこちらに向かって歩いてきたマテオが、途中で立ち止まる。

「ぼく、大学には行きません。それを先生に言いに来たんです」

「あら、どうして？」驚き、戸惑いながら私は尋ねた。

「働かなくちゃ、と思っているんですよ。先生も知っての通り、うちは母がずっとぼくを支えてきてくれました。今度はぼくが支えてあげないと」

彼は顔を上げ、私は彼と目を合わせた。

「マテオ、どうして知らせに来ようと思ったの？」彼は私の目を見返したが、黙ったまま。しばらくして沈黙を破ったのは私のほうだった。

「ここに来たのは、私がそうさせないと思ったからでしょう。さあ、行くわよ」

マテオは私のあとについて車に乗り込んだ。地元のコミュニティー・カレッジに着くと、キャンパスまで歩き、事務局に行って書類を埋め、クラスを選び、その場で入学手続きを完了させた。書店で本も揃え、そのあとマテオの最初の授業が行われる教室を見つけた。

ドアには、鍵がかかっていなかった。私たちは中に入って並んだ机の最前列の机に座り、ここでのマテオの学生生活を想像した。

——その後はとくにその日のことを思い返すこともなく、こうしてマテオがドアの前に現れて初めて、10年ぶりに記憶が蘇ってきた。

本当のことを言うと、彼の将来に関わるこのやりとりを、私は特別なことだとは考えていなかった。教師としての日常の一部だからだ。教師なら、みんながしていることだ。

「ぼくも教師になりました。それを先生にお知らせしたかったんです」マテオは言った。

「計画していた通り、コミュニティー・カレッジから州立大学に編入して卒業しました。

そして、ぼくみたいな子どもたちを助けなくては、と思ったんです。いまはホーソーンで――先生がぼくを教えてくれた教室で、授業をしています」

メンターをしている子どもたちから「ウワァー」と歓声が上がった。私たちの再会の様子を見ていたのだ。

「先生がぼくにしてくれたことを、ほかの子どもたちにしてあげようと思っています」

マテオはそう言って話を終えた。気づいていなかったが、彼が話しているどこかの時点で、私は泣き出していた。言葉がまったく出てこず、私は黙ってマテオをハグした。彼の教師だったときには、もちろん生徒をハグしたりはしなかった。彼もびっくりしたようだったが、すぐにリラックスして、私たちは一緒に笑った。

人生の軌道を変えてくれる人

その瞬間のことを、そのあと何週間も思い返さずにはいられなかった。

人生の中で、どれだけの人が私を助けてくれ、そして感謝を伝えていない人がどれだけいるのだろう？

私が故郷のタホ湖を出て大学へと進めたのは、何度か転機を体験し、さまざまな人に助けられたからだ。マテオと同じように大学入学を控えていた夏の終わりのある夜、高校の先生が家のドアをノックした。私は4日後に、大学に進学するために家を出る予定だった。写真でしか見たことのない、500マイル離れたところにある大学だ。先生は言った。

「ダイアン、荷物をまとめて。今晩発たないとだめよ」

反論しようとしたが、先生は私の両肩に手を置いて続ける。

「**今晩、出発するの**。一生懸命働いて買った車に乗るのよ。頑張って貯めた254ドルを持って、この町を出なさい」

その年、先生は生徒をふたり亡くしていた。ひとりは自死、ひとりは飲酒運転の自動車事故。だから先生が「この町で、もうあなたたちをひとりも失うわけにはいかないのよ」と言ったとき、その気持ちがよくわかったつもりだ。だから先生の言葉に従った。

他にも、私の人生の道筋に現れ、軌道を変えてくれた人たちがいた。なのに私は手紙も書かず、電話もせず、もちろん10年後に居場所を突き止めて500マイル運転して、その人が私にどれほど大きな影響を与えたか伝えたことはない。どうしてそれをしなかったのだろう?

マテオに再会できた嬉しさが、一瞬で後悔と罪悪感に変わりそうになった。私は、マテオの感謝に値しない。他の多くの教師と同じように仕事をしていただけで、何も特別なことなどしていない。

マテオと過ごしたわずかな時間で、私は多くの大切なことに気づかされた。教師の日々の行動は、小さなことでも意味がある、と。

子どもたちの能力を信じること。

妥協せずに、可能性を一緒に探ること。

個人的なつながりを持ち、どういう人なのか、何を求めているのかをありのままに受け入れることで、その人はありのままでいられるし、自分を知ることができる。マテオのケースは明白で、些細なことが大きな変化へとつながった。

私にも助けてくれた人がいて、私はマテオを助けてあげられた。そしていま、彼も数え切れないほど多くの子どもたちの助けになろうとしている。

美しいつながりではあるが、それでもまだ十分とはいえない。

自分の計画に自信が持てなくなったときに、後押ししてくれる人がいなかった子どもはどうなるのか？　そもそも計画さえ持っていない子は？

「踏ん張りどきにつまずいてしまう」を防ぐには

マテオに起こったことを表現する専用の言葉がある。

「サマー・メルト」。毎年、全国の高校を卒業した子どもたちの約40パーセントに起こっている現象である。

秋から4年制大学、あるいはコミュニティー・カレッジに進むことを決めているのに、行かないで終わってしまう(1)。この大勢の子どもたちは、夏のあいだに溶けて（メルト）してしまうのだ(2)。

理由として考えられるのは、重要な手続きを逃した、経済的サポートのための書類が複雑で挫折した、あるいはすぐに職に就いて家族をサポートしようと思い直した、などである。そもそも高校を卒業する子どものうち、大学進学を計画している子は70パーセント未満で、進学しても30パーセントが2年生になる前に辞めてしまう。大学卒業までの道のりはツルツルした氷のようで、子どもたちはどんどん滑り落ちていってしまうのだ。

サミットの初期の卒業生も、7パーセントが卒業後の夏にメルトしてしまった。ひとりでもいてはいけないはずなので、私たちは科学者たちともかかわって理由を突き止め、必ずソリューションを探るようにしている。

こうした作業でわかってきたのは、うまくいく習慣、好奇心主導の知識、共通のスキルに加え、子どもたちが本当に充実した人生を送る準備に必要なものがもうひとつあるということだった。それは**「確実な次のステップ」**だ。

アメリカ最新の大学進学事情

「この国の誰もが、大学に行こうと思っている」——そう言ってしまっていいだろう。アメリカのコミュニティー・カレッジの制度では、事実上誰でも地元の教育機関で学ぶことができる。

とはいえ、「大学に行こうと思っている」と言うのと、実際に大学に行くのとでは、雲泥の差がある。その差が、こうした機関の卒業率約25パーセント(3)という低い数字に現れている。

過去10年から20年のあいだに、アメリカでは大学進学に向けていかに計画を立てるかが、高校や家庭における活動の中で重要な位置を占めるようになってきた。生涯年収で比較すると、大学を卒業した人は、高校を卒業しただけの人より平均で100万ドル多く稼ぐというデータが出ている(4)。それを受けて誰もが、**「大学は経済的安定へのチケット」**だと理解した。

いまでは大学入学を取り巻く一大産業ができ上がっている。試験対策やエッセイの書き方、申請書の書き方、奨学金の獲得——こうした領域で専門的な指導を受けることができるのである。大学の見学や志望校リストづくりをサポートする組織やテクノロジー・ツールもある。

夏休みや放課後のプログラムも、「申請書の印象がよくなる活動」をしたい子どもたち向けに企画されていて、多くの参考書でも紹介されている。

全国ランキングに特化した産業もある。毎年出される「最高レベルの大学のリスト」には想像し得る限りの切り口がある——北東部での大学ランキング、教養大学ランキング、専門学校ランキング、研究大学ランキングなどなど……。

高校では大学進学カウンセラーを雇い、プレゼンテーションを行ったり、大学のカタログを揃えたりしている。中には大学のオプションを検索できるソフトウェアを購入して、生徒が使えるようにしているところもある。

もちろん、試験に向けた準備もヒートアップしている。高校1年生と2年生に、PSAT（SAT予備試験）やACT（アメリカン・カレッジ・テスト）といった、入学試験の前のバージョンの試験を受けることを義務づける学校も増えている。

かくして生徒は学校で何日間も大学入試の準備に費やすことになる。大学入試のための保護者懇談会も企画され、プロセスや経済支援の情報を共有される。おまけにキャンパスは、各大学のペナントで彩られる——。

こうした働きかけの結果、現在高校1年生の90パーセントは大学に行くつもりだと言うまでになった(5)。

大学の選び方は9割が間違っている

ではどうしてかと訊かれると、よく返ってくる答えは「医者／弁護士／獣医になりたいからです」となる。どうして獣医になりたいのかをもう少し追求すると「動物が好きだからです」などと、かなりあいまいな返事になってくる。次によく大人が訊くのは「どこに行きたいの？」だ。すると今度は地理的な場所で答える。「ニューヨーク／ボストン／カンザス・シティに行きたいです」あるいは「家の近くがいいです」

どこの大学に行きたいのか、なぜそこがいいのかをしつこく訊くと、その答えは一般的に4種類に分かれる（もし生徒が答えをもっていればの話だが）。

1　その大学出身の家族がいるから
2　その大学のスポーツチームのファンだから
3　すごくいい大学だから――いつも一流大学リストに載っているから
4　キャンパスが素敵

すべての答えに共通する要素は明らかだ。**親しみやすさである。**驚くべきことではないが、生徒はなんらかの形で知っている大学に行こうと考える。

何も知らないところへは行きたいと思わないのは理解できるが、大きな投資をするにあたって、その考え方はいささか限定的でもある。

そう、大きな投資なのだ。4年制大学の授業料は平均4万ドル(6)で、70パーセントの子どもが学位を取得するために借金をしている(7)。さらに大人になって最初の4年間から6年間を大学で過ごし、そのコミュニティーと価値観の中で生活することになる。にもかかわらず、大人になる最初の練習をする場でもある大学選びに関して、当の生徒がそこまで熱心でないことが多い。最初の車を選ぶときには入念にリサーチしたというのに。

なぜだろう? もしかしたら多くの生徒が、**あまり選択の余地はない**と感じているからかもしれない。

アメリカでは毎年、**大学入学がいかに難しいかを証明し、生徒たちのやる気を挫《くじ》く統計**が出ている。成績優秀で運動能力も抜群の生徒、あるいはリーダー的な生徒でも、国内でトップの大学に受け入れられる確率は毎年下がってきていて、ひと桁《けた》代に落ち込んでいる。

そんな完璧な生徒でも無理なら、ふつうの人間にどうやって競えというのだろう?

この難関化の影響は大きく、子どもも保護者も、いまでは**「どの大学だったら受け入れ**

てくれるの？」と質問している。本来の質問は**「どこの大学を受けようかな？」**であるべきなのに。

卒業後に進むべき「理想の次の場所」の条件とは？

サミットでは、卒業生全員が**「充実した人生に向けて、最適な体験ができる」場所**に受け入れられ、進んでいくことを目指している。ほとんどの生徒にとってそれは大学だが、軍隊やプロフェッショナルな道を目指す修行など、他の可能性もある。

「最適」というとき、私たちには明確な基準がある。卒業生の次の道には、以下の4つが望ましいと考えている。

1　自分自身を理解し、大人になってからどう生きるかのビジョンに沿っていること

2　目的があり、現実的であること

3　多数の現実的な選択肢から、十分な情報にもとづいて選んだもの

4　家族やコミュニティーからサポートされていること

将来へつながる「確実な次のステップ」を辿るには、**自分が何者か、何を大切に思って**

いるかを深く感じ取る必要がある。世界にはどんなものがあるのかも、知らなくてはならない。そして一番大切なのは、**そのふたつの交わるところ**を知ることだ。そうすれば、自分にしっくりとくる最適な選択を見いだすことができる。

確実なステップを選ぶプロセスは、一直線ではない。生徒たちは次の図のように6つのタイプの活動のあいだを行ったり来たりする。

直観は大切。でも、直観の検証はもっと大切

まずは、さまざまな**「潜在的な道」**を試してみることから始める。**「プロトタイプ目的」フェーズ**だ。

仕事のシャドーイング（平日から1日企業で社員に密着して仕事ぶりを学ぶこと）だったり、あるいはすでにその道に進んでいる**経験者との対話**という形をとるかもしれない。どちらの場合でも、生徒は自分のことを振り返り、**その道を進む自分を想像**し始める。

ちょうどマテオが大学の教室にいる自分を想像したように、生徒は心の中で、さまざまなことをしている自分を思い描く。その絵がカラフルで完成度が高ければ高いほど、どんなふうに感じるか、自分が何者か、そしてその仕事が自分の価値観に合っているかを探索できる。生徒が選択肢をつくり、最終的には選ぶときに、この洞察は重要だ。

「確実な次のステップ」を構築する手順

この手順は直線的ではないプロセスをたどる。

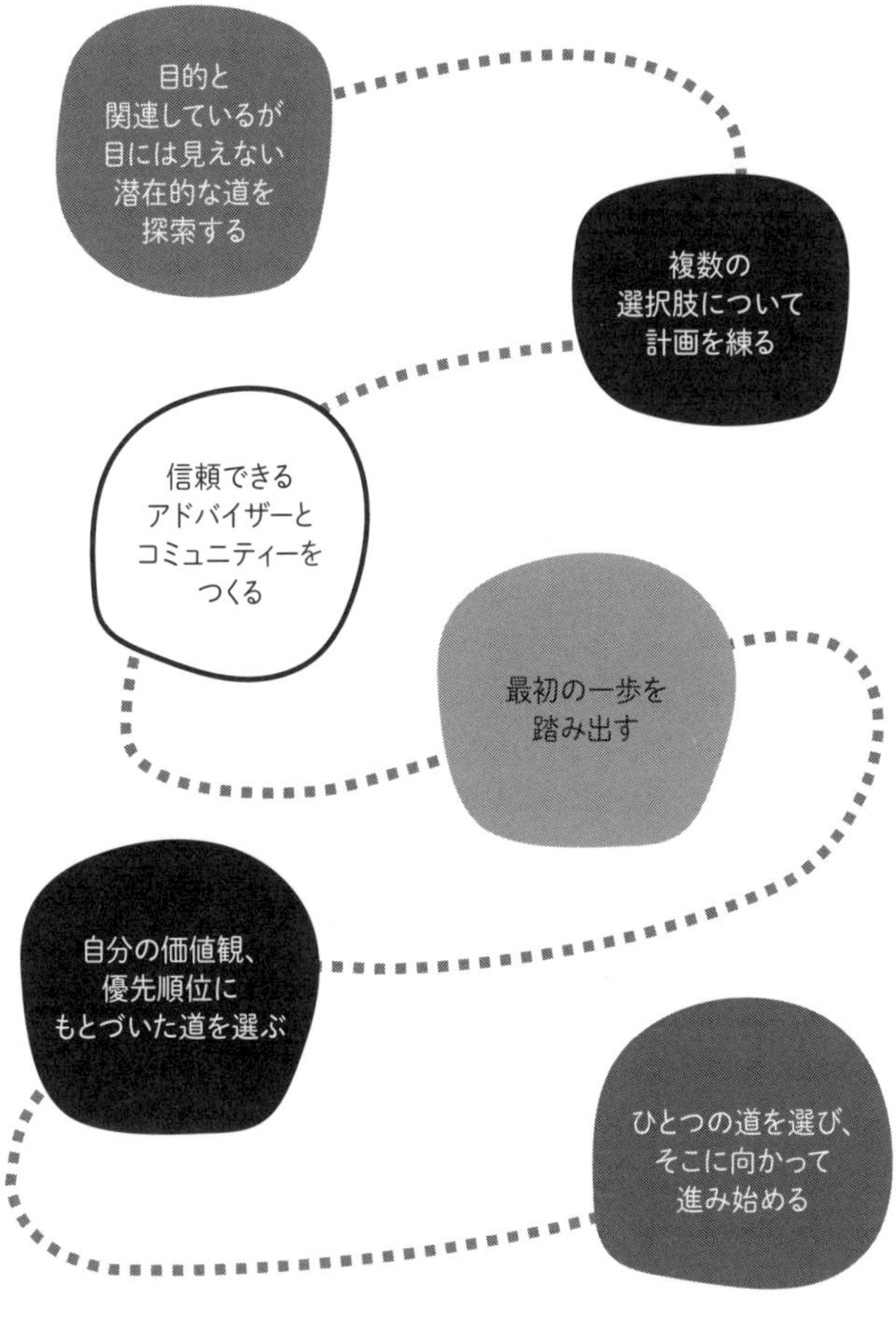
目的と
関連しているが
目には見えない
潜在的な道を
探索する
複数の
選択肢について
計画を練る
信頼できる
アドバイザーと
コミュニティーを
つくる
最初の一歩を
踏み出す
自分の価値観、
優先順位に
もとづいた道を選ぶ
ひとつの道を選び、
そこに向かって
進み始める

仲のいい友人は、よくこう言っている。「ウェディング・ドレスを見に行って、最初に試着したものがいちばんよかったってこと、あるよね」

確かにそういうこともあるが、彼女が急いで付け足すのは、**それがわかるのは、ドレス2、3、4、5を試着したあと**だということだ。

生徒たちも、最初のプロトタイプが気に入り、それにしがみつくことはよくある。「大人になったら何になりたい？」という質問を繰り返されるうちに、ほどよい答えを探そうとするのは自然なことだ。

ただそれには弊害があり、**それ以上探すのをやめてしまい、結果として選択肢が限定**されてしまう。たとえ子どもたちが面倒くさがったとしても、**「複数の選択肢について計画を練る」**のは彼らにとって大切なのだ。

「3つの計画」を立てると、将来のための自己分析ができる

サミットでは、**最終学年の子どもたちに、少なくとも「3つの計画」を練るよう指示している。**それぞれの選択肢について、必要な学位や資格、体験の機会、自分のスキルや興味とどう合っているのかも盛り込むことになっている。そうすることで彼らは次のステッ

プに進むためのプロセス、スケジュール、費用、そしてなぜ自分にとって最適なのかも詳細に考えるのだ。

息子のレットとも、最近このことについて話した。彼は学校で、進路について別の選択肢を考えて、その計画まで立てるよう指示されたことで、不満をもっていた。

「最初に選んだ道に進んでみて、もしうまくいかなかったら、その時点で次の計画を立てればいい。どうしてそれじゃ駄目なの？」

まず私たちは計画のタイミングについて話し、待つことで機会が損なわれるかもしれないと確認した。

ふたつ目の計画を模索してみてよかったのは、**親が知らなかったわが子の考えを知れたことだ**。それはギャップイヤー（大学に合格した生徒が、高校卒業後に一定の休学期間を得てから入学する制度）を取って海外で働くことだった。旅行や探求が好きだからと。

「レットのこと、ひとつ学んだわ」私は言った。

「これまで聞いたことがなかった。面白い考えじゃない。知ったからには、サポートしてあげられるわよ」

複数の計画を試作するメリットのひとつは、家族や友人、信頼できるアドバイザーとコミュニティーを形成できることだ。サポートしてくれるネットワークに話をする機会ができ、貴重なフィードバック、省察する機会を得られる。

たとえばある生徒が、1番めの選択肢ではなく、2番目か3番めに看護を挙げたとする。彼女の友人はそれを聞いて「私のおばさん、看護師だよ。話を聞いてみたら?」と提案してくれるかもしれない。経験からすると、**大人になりかけの子どもをサポートしてあげようとする人は無数にいる。**そういう人の名前が会話に出てくると、サポートしてくれる人たちのネットワークとつながり始める。

毎年、サミットでは少なくともひと握りの子どもたちが、自信をもってどの道に進みたいか、何をしたいかを最終学年で決めている。こうした子たちは、複数の選択肢に時間やお金を使いたくないと考え、かなり頑固なこともある。第1希望に固執し、他のものは受けつけようとしない……。

だが、こうした子どもたちにこそ、なのだ。複数の道を考える課題が必要になってくるのは。

自分が何者で、世の中にどう貢献したいかに合致するプランB、プランCがあると知っておくのは大切で、不安を和《やわ》らげてもくれる。自分自身を理解する感覚や、目的意識を思い出させてくれる効果たるや、SATのスコアや希望していた大学からの入学許可(あるいは拒否)のレターよりも大きなものだ。

「自分には無理と考えてしまう病」を治す

一方「**最初の一歩を踏み出す**」のも大切だ。

拒絶されるのを恐れるあまり、手の届く範囲外のものには決してトライしようとしない生徒もいる。

2007年に、サミット卒業1期生だったミゲルはまさにこのタイプだった。サミットのキャリア・フェアで国際電気工組合の採用担当者と話をしてから、彼は電子技師になりたい、と心に決めていた。大学入学の申し込みをする意味がないと思い、組合だけに申請書を提出しようとしていた（これは私たちが確実な次のステップの制度を導入するだいぶ前の話だ）。

だが、ミゲルの歴史教師ケリー・ガルシアが何カ月間もミゲルと話をして、彼女からのお願いという形で、彼は大学に入学申請をすることになった。ふたりで並んで座り、申請書を完成させているときも、ミゲルは大学には行かないから時間の無駄なのに、とぼやいていた。

数カ月後、入学許可のレターを受け取ったとき、ミゲルはどうしてなんだろう、と声に出していた。彼の決意は固く、大学へは入学せずに電子技師になる道を選んだ。10年後、当時はケリーのことをおせっかいだと思っていたと、ミゲルは打ち明けてくれた。

「なんで入学申請をさせようとするんだろう、と不満だったんです。どうせ駄目だろう、恥をかくだけだ、と思ってましたから。ところが大学に受かって、驚きました。あのときは、大学に行くことはまったく考えていなかったので。でも時間が経って、自分にも子どもができると、いまになって思うようになりました。やってみたいと。いま、電気工学を学んでみたいんです」

ミゲルはここですこし間を取った。

「一度は大学に受かったわけですから、きっとまた大丈夫だと思えます。仮に大学に行かなかったとしても、子どもたちは進学させたいと考えています。何が必要なのか、毎日子どもたちに話をしています」

ミゲルの話は、示唆に富むものだ。求められていない、きっと受け入れられないという不安は、高校生たちにはつきものだ。「誰にも求められていない」と考えてしまうことからくる不安に、どれだけの選択や行動が影響を受けているのだろう。

不安がどれだけやる気を削ぐものか、想像してみてほしい。

その解毒剤になるのが、確実な次のステップを含む、人生の計画を立てる規律あるプロセスなのである。実際の体験やデータ、本物の探索に携わることで、子どもたちは人生の次のステージを選べる。自信をもって、自分の意志で進んでいくことができる。非人間的な組織の気まぐれに従うことはない。

ミゲルが大学に入学申請をしてよかった、と私は思っている。そして彼はよく考え、入学を辞退することを選んだ。

彼がサミットに在学していたときには、数人のメンターと密に携わり、〝ｉｎｇｓ〟を熱心に探求していた。

ミゲルは手仕事が好きで、席についているのは好きではなかった。

誰かのために何かを改善したり、修理したりするタスクを終え、達成感を味わうのが好きだった。自分で作業してつくったものが、実際に使われるのを見るのが好きだった。一生懸命に作業することを大事に思っていた。それから幾何学を好きになった。**実際のものを想像できるので、初めて数学がよくわかるようになったのだ。**

人生観もしっかりあった。着実で安定したルーティーンの仕事に就き、家族や友人たちとの時間も大切にしたいと考えていたのだ。一族が暮らしているベイエリアに家を買いたいと言い、それが実現できる経済的な機会のあるキャリアを望んでいた。

実際にタイル敷きや造園など、いくつかの建設関連のアルバイトを試してみたという。だが長年続けていると身体的な負担が大きくなりそうだったこと、そうした仕事にはプロフェッショナルな基準が欠けていることが気になってきた。ミゲルの母親は経済的に恵まれず、ミゲルは貧しかった。そういう暮らしから抜け出したかったので、仕事を始めてもいないのに進学のために借金をするという選択肢は考えられなかった。

だが当時、大学に進むには、他に道はなかった。ミゲルは自分自身を、自分の価値観をわかっていた。世の中にある大量の情報を吟味《ぎんみ》したうえで、自分の道を選んだ。

思いがけないきっかけを大切に

自分からブルガリアに行こうと思い立つことはなかったかもしれない。だが私は教育の個人化に焦点を当てた国際的な教育会議に招待された。

主催者たちは、この会議では子どもたちを中心に据えたいと考えていた。そして開催1カ月ほど前に、サミットの最終学年の生徒を一緒に連れてきてもらえないかという電話があった。トッド・ローズ著『ハーバードの個性学入門：平均思考は捨てなさい』(小坂恵理訳、早川書房) の中のアイデアについて、10分間その子に話をしてほしいという。

私は言葉に詰まった。大人の学びの場へ子どもに参加してもらうという考え方には魅力を感じたが、ブルガリアの小さな村に生徒を連れていくのはためらわれた。私は正直に、そう伝えた。

「まあ、息子だったら構いませんけれど。サミットの生徒ですし。ただ、まだ高校の1年生なんです」

主催者側は、私の提案に飛びついた。どうしよう、と私はにわかに焦《あせ》ってきた。先方の提案は、大人にとっても荷が重いものだ。**10分間のスピーチを考え、国際会議の場で話す**というのは、大変なことだ。咄嗟《とっさ》に頭を働かせ、「私が代わりに答えるわけにはいかないので、とりあえず息子に訊いてみます」と言って電話を切った。

レットのベッドの端に腰掛け、本人にその話をした。話しているうちに、彼の口元がほころんできた。その表情は知っている。「待ってました」と顔に書いてあった。

まずい……気がつくと私はレットを説き伏せて、あきらめさせようとしていた。「すごく大変だし、私は出張が多くて準備を手伝えないし……」。私は自分の緊張から、レットを思いとどまらせようとしていたのだ。もし引き受けて、できなかったら？　もし失敗したら？

正直に言おう。彼が嫌な思いをするかもしれない、というよりは私の体裁が悪くなるかもしれない、というほうに意識が向いていた。そうは認めなくなかったが、本当だ。

ようやく私が話し終えると、レットは言った。**「行くよ」**

「行くのはいいけど、何をしなければいけないか、聞いてた？」

「うん。お母さん、心配しないで。**これ、サミットでぼくたちが毎日していることだよ。**

だからサミットをつくったんでしょ」

目が覚める思いだった。確かにそうだ。息子の言うことのほうが正しい。

あらゆる面で、レットにとっては絶好の機会だった。子どもたちみんなが、追加の大きな学校プロジェクトのようなものを積極的にやりたいとは思わないかもしれないが、レットにとっては自分の目的意識にぴったりくるものだったのだ。

最高の教室での教えが、成果として見えた瞬間

サミットと共に成長してきた彼は、教育に興味と情熱を持っていた。とくに国際教育への関心は私をしのぐほどだ。歴史や、地理、世界情勢への関心からきているものだった。過去3年間で、彼は自己主導性のスキルだけでなく、私の気づかないうちに世界の中での目的意識を学んでいたのである。

幼いころには、私がゲストスピーカーとして呼ばれた大学や採用イベントに、レットをときどき連れていっていたものだった。彼は話を聞くのが好きだったが、もっと好きだったのは自分の体験や意見を話して共有することだった。このブルガリアへの旅は、彼の**個人的な興味を総動員する機会**だった。喜んで飛びついたのも無理はない。

レットはまず、**助けを求めるところから始めた。**私はほとんど近くにいられなかったの

で、父親に頼んで期日までにすべての作業を終えられるよう、スケジュールを立てるのを手伝ってもらった。

次にメンターのところに行き、学校で確保できるリソースを確認した。過去3年間のプロジェクトや自己主導性で学んだ経験から、自分に合う学習法を把握していたのだ。そこで週末までには課題になっていた本の紙版とオーディオブックの両方を手に入れ、早速読み始めていた。

レットが**学校以外の場で、アカデミックなスキルや習慣を使う**のを見るのは、初めての経験だった。家では父親のサポートを得て、学校ではコミュニティーにも助けてもらっていた。

そしていよいよ出発の数日前。レットはアプリGoogle Docsで自分のスピーチを私に見せてくれた。どきどきしながら、ファイルを開いてみると……読み進めるうちに、私は驚きと安堵《あんど》感でいっぱいになった。

よく書けていた。とてもいい出来だったのだ。

さらに感動したのは、**ドキュメントに書き込まれたコメントの多さ**だった。歴史の教師も英語の教師も、編集の手伝いを頼まれて文章にコメントしていた。クラスメイト数人のコメントもあった。彼は使い得る限りのリソースを活用し、みんながそれに応えて率直かつ有効なフィードバックと、それにサポートも提供してくれている。最後のほうに、友だちのコメントがあった。

「レット、あと少しだ。本当にすごいと思う。ゴール達成を応援しているし、絶対にうまくいくよ！　きみは、ぼくたちみんなの代表だからね」

私が机に貼っている座右の銘

宿題のことで言い合いをしていた日々から、ここまで来た。信じられないくらいだ——いや、そうだろうか？　私はジェイコブ・リースの言葉を思い出した。教えているとき、いつも机の見えるところに貼っているものだ。

「どうしていいかわからなくなったとき、私は根気よく石をたたき続ける石工を見に行く。彼はおそらく100回もたたいたが、それに見合うだけのひび割れは認められない。だが、101回目にようやく石はふたつに割れる。それを成し遂げたのは、101回目の衝撃ではない。その前に振り下ろされた100回なのだ」（『思考は現実化する　あきらめなかった人々』デニス・キンブロ、ナポレオン・ヒル著、田中孝顕訳、きこ書房）

この言葉は、**学びはプロセスだということを思い出させてくれる。**それを自分に言い聞かせなくてはならないほど厳しい日が、何日もあった。

私たちはなぜか、「ママ」という言葉を子どもが発するまでに500回教えて聞かせたことはなんとも思わないのに、その子が高校に入ると、1回言えばすぐにわかるものと考えてしまう。

初めて自己主導性サイクルを教わったとき、レットはそれを理解できなかった。2回目も、3回目も駄目だった。それどころか過去3年間、連日練習をしていたものの、私はこのときまで彼がそれを習得しているのかどうか、確信がなかった。

この経験で彼が見せた他の習慣についても、同じだった。小学校5年生、6年生のころには、1段落でもきちんと書けるようになるのか、心配になることもあった。だが徐々に、プロジェクトに一つひとつ取り組み、継続的かつ一貫性のある練習、フィードバックを経て、レットのスキルは伸びていった。そしていま、**自分が興味とやる気を持てるイベントで、これまで培《つちか》ってきたスキルや習慣を活かせる**ことになったのだ。

たとえばアスリートのコーチの会議で、サッカーについて話をするのであれば、こうはいかなかったはずだ。レットはサッカーや高校スポーツに興味がなく、個人的な目的にも合致しないからだ。そうした課題では力を発揮できず、まったく違う感じの子どもとして登場することになっただろう。

充実感と成功は最強のパートナー

レットのブルガリアでの体験は成功した。懸命に努力し、自分の知識をフルに使い、リソースやサポートを目一杯活用した。そして客観的に見て、十分に調査されよく書けている、説得力のあるスピーチを、外国で、１００人以上の大人の前で披露した。**間違いなく、彼は何事かを達成したのだ。**

達成感と充実感を両方とも味わえたのは、この体験が彼の目的意識に沿ったものだったからだ。**つまり子どもたちに、充実か成功かのどちらかを選ばせることはない。どちらも手に入る。それどころか、充実感を求めるのが成功へのいちばんの近道なのだ。**

あと数カ月で、レットも最終学年を迎える。彼が荷物をまとめて次の冒険に旅立つ日のことを思うと、自己本位ではあるが、いまから胸が痛む。レットのベッドで犬のレアと一緒にすねて、帰ってこないかと窓の外を見ている自分を想像してしまう。

だが同時に、彼の未来に何が待ち受けているのか、ワクワクする気持ちも抑えられないのだ。彼が自分について知っていること、身につけたスキルや習慣がこれからの人生を歩むうえでどう生かされていくのだろう。

私には彼が世の中に提供できるものがたくさんあるとわかっていて、なるべく彼自身にもそのことを伝えるようにしている。

それに、**私はひとりではない。**

彼の父親、メンター、他にも何人かで、私設顧問団のようなものができ上がっているからだ。彼をよく知り、気にかけ、サポートすると決めているメンバーは、彼の大切な移行期に集結した。私たちは経験やアドバイスを伝え、彼が自分に正直に、自分に一番合った確実な次のステップを踏み出せるように見守る。

まもなく、私は卒業式でみんなと一緒に歩くことになる。

今度は、息子の準備ができているとわかっている母親として。

エピローグ

閉ざされたドアがあれば、こじ開けて

オスカーの母親から電話がかかってきた。これで3日連続だ。

「まだ部屋から出てこないんです。中から鍵をかけているんですよ。学校にも行かないって」

私は深い溜息をつき、少し考えてから言った。

「10分でそちらに伺います」

鍵とバッグ、それに、ふと思いついて道具箱からねじ回しもつかみとる。

オスカーの家のドアは開いていた。母親はソファーの端に座り、両手で頭を抱えている。私は彼女の向かい側に座った。

顔を上げると、母親が泣いていたのがわかった。目が真っ赤で、腫《は》れている。その様子から、困り果てているだけではなく、怖がっているのだとわかった。

私の頭の中は質問でいっぱいだった。食べ物は？　トイレは？　母親は鍵を持っていないの？　15歳の少年が3日間自分の部屋に立てこもるだなんて、あり得る？

だがオスカーの母親を見て、私は思いとどまった。問い詰めても意味がない。この瞬間、彼女はできることはすべてやっているのだ。

その感情を、私は知っていた。サミットでの最初の数年間で、アダム、ケリーと私は似たような経験をしていたからだ。ティーンエイジャーと携わっていると——すなわち人としての成長、発展に真に関わっていると、無理かもしれない、と思う瞬間がある。単にアイデアや忍耐力が切れている、ということもある。そういうときには有効な作戦も知っていた。**「選手交代」**である。誰か他の人を呼び、別の角度から見てもらうのだ。

「オスカーの部屋はどこですか？」私は訊いた。

母親はすぐ右手のドアを指差した。私はバッグからねじ回しを取り出すと、ドアの前に立った。母親が目を丸くする。

「どうするんですか？」

私はオスカーに聞こえるように、わざと大きな声で答えた。

「**ドアの蝶番を外します**。オスカーは学校に行かないといけませんから。落ちこぼれていると本人が思っているのは、知っています。それは一緒に取り組んでいけることです。でも部屋に閉じこもっていては無理です」

母親はぎょっとした様子だった。

「それでうまくいくでしょうか？」

「もちろんです！」

私はやや強すぎる口調になっていた。

「鍵のかかったドアを開ける方法はいくつかありますが、蝶番を外せば確実ですから。オスカーが出てくるまでは、ここを動きません」

するとドアが音を立てて開き、気づくと私はオスカーと向かい合っていた。好奇心いっぱいの不思議そうな表情で私の顔を覗《のぞ》き込んでいる。私はまっすぐに彼を見て言った。

「着替えるのに5分あげるから」

彼はゆっくりと頷き、服に手を伸ばした。

学校に到着する数ブロック手前で、オスカーが車内の沈黙を破った。

「先生、本当にドアの蝶番を外すつもりだったの？」

私はすぐに答えた。

「**なんでもしてた（Whatever It Takes）**。オスカー、必要とあらば、なんでもしたわよ。あなたを諦めることは、絶対にしない」

彼は私の顔をじっと見てから、窓の外に顔を向けた。それからしばらく沈黙があり、駐車場に車をとめているときに、彼がポツンとこう言った。
「先生のこと、信じるよ」

最高の教育を支える合言葉〝WIT〟

なんでもする（Whatever It Takes）。〝WIT〟。

この言葉、あるいは頭文字は、サミットのミーティング議事録によく出てくる。コピールームにも貼ってあり、教師同士、あるいは生徒との会話でもよく使われる。〝WIT〟は私たちが自分に言い聞かせていることであり、他の人にも言うことだ。単なるフレーズの域を超えて、私たちのカルチャーになっている。

私たちは何かを決めるとき、このマインドセットを用いる。私たちの仕事に対する姿勢であり、毎年毎年、私たちを駆り立ててきたものでもある。そして、サミットで行われるものはすべてそうだが、〝WIT〟も時間と共に進化してきた。

私たちの〝WIT〟は、私たちが子どもたちのためにすべてをやってあげるという意味ではない。

現状を受け入れ、より長時間、より大変な思いをして働き、それを克服しようという意味でもない。

行き詰まったら基準を下げる、あるいは諦めるという意味でもない。

〝WIT〟を実践するために、私たちは道を探す。**どんなときでも、鍵のかかったドアを開けられると信じているからだ。**

私のねじ回しの話はあっという間に学校で広まり、気がついたらニックネームがついていた。「ザ・タヴァネーター」である（当時、アーノルド・シュワルツェネッガーがカリフォルニア州の知事だった）。陰で囁《ささや》かれていたのだが、ケリーは公の場で私を「ザ・タヴァネーター」と好んで呼んだ。クスクス笑いながら拳を突き上げ、ねじ回しを構える仕草をしてみせる。私も笑っていたものの、やや複雑でもあった。すすんで「ザ・タヴァネーター」になりたかったわけではないのだが……。それでも必要とあらば、その役割を担うのは厭《いと》わなかった。

それに、幸い私はひとりではなかった。

仲間のタヴァネーターたちが全国にいた。教師に校長、保護者、それに子どもたちの中にも、鍵のかかったドアの向こうの子どもたちが準備の機会を奪われているのを、認められない人たちがいた。私と同じように、絶対にドアを開けると決めている人たちが。

ほかの学校と共有するための新しい挑戦

2015年の秋、私たちは**「サミット・ラーニング・プログラム」**を開始した。私たちのカリキュラム、専門的能力の開発、トレーニング、テクノロジーを、実世界に即した課題解決型学習、省察的メンタリングの方法を採り入れたいと希望する他の公立学校にオンラインなどの手段で無料提供するものだ。

過去4年間で、40州の約400校がこのプログラムを採用。4000人を超える教育者たちのコミュニティーを形成し、8万人近くの子どもたちをサポートするようになった。

「ダイアン、どうすればいいの？　私には自分の子どものために学校をつくることはできない」

サミットを立ち上げる前、そう言ってこちらを見ていた友だちのジュリーの切羽詰《せっぱつ》まった表情が、このプログラムを始めるときに念頭にあった。初めの19校は、彼女の子どもが通っていた学校と似ていなくもなかった。

私たちは訪問やカンファレンスで知り合った、似たような考え方をしている仲間の教育者たちと一緒に仕事をした。それでも、大変な年だった。そもそもどんな学校にとっても変化は難しいし、しかもこうした学校はサミットとはまったく違っていたからだ。

これまでは伝統的な都会の大規模校、あるいは郊外の教室がひとつだけの学校と提携する機会はなかった。私たちのアプローチを、それぞれのコミュニティーのニーズや価値観に合わせていかなくてはならなかったのである。だが全員が〝ＷＩＴ〟（なんでもする）と決めていて、その年の終わりには私たちは山ほどのことを学び、子どもたちのために大変な進歩を遂げることができた。さらに注目を集め、１００校以上の学校が参加したいと表明してくれたのだ。

ノーとは言えなかったので、2年目のコラボレーションに乗り出したものの、まだやることは山積みだった。学校は27の州にまたがり、環境はさらに多様化していた。それでも何かがうまくいっていたのだろう。翌年には、３００校以上から参加の申し出があった。夏には能力開発トレーニングがあるのだが、開始したときには参加する教師全員がカリフォルニアの1校に集まることができた。それが２０１７年までには、40州から３０００人以上の教師が参加し、全国の13の都市の体育館に集まるまでになった。

教育を変えたい仲間はいたるところにいる

私はできるだけ多くの都市や町に足を運んだ。教室を訪問し、生徒や教師たちと会い、校長と話をし、一緒に食事をしたかった。

さまざまな都市や町を訪れるなかで発見があり、私は大いに感銘を受けた。サミット・ラーニング・プログラムに携わっている人たちはみんな、子どもたちにとっていちばんいいことを望んでいた。学びの体験をつくるリソースや資料、トレーニングを求めていた。数え切れないくらい多くの教師が、子どもたちにこれまでいちばんいい教えができているると報告してくれた。しかも多くの教師が、予定していた定年退職を延期して、サミット・ラーニング・プログラムで教えている。彼らは言う。

「やることはたくさんありますが、その甲斐はあります」

私は夕食を——ときにはランチや朝食も——アメリカ全土のさまざまな都市の人たちと共にした。ボストン、ヒューストン、ロサンゼルス、ニューオリンズ、シアトル、シカゴ、オーランド、デトロイト、ニューヨーク、ワシントンDC、デンバー、サンフランシスコ。さらにアーカンソー、カンザス、ミズーリ、オクラホマなどの小さい町でも、食事をしながら話をした。

一緒に食事をするほど、人を結びつけることはない。子どもたち全員が充実した人生を送れるよう、準備するための学びはどんなものか、私はいつも訊いてみる。

国中どこでも例外なく、子どもでも大人でも、会った人たちのビジョンは一貫している。

子どもたちは積極的だ。興味をもっている。本物の作業をしていて、本物の問題を解決している。協力する。自分について、お互いについてもっとよく知るようになる。好奇心に突き動かされている。

教師はコーチングや指導、メンタリング、学びを促進している。そうするとき、刺激と自信を与える持続可能な方法で行う。

もちろん子どもたちは読解や数学を学ぶが、それは始まりに過ぎない。子どもたちは学びに価値を見いだし、大人は子どもにとって有効なやり方でそのプロセスにアプローチする。学びは、校舎の中の6時間に限定されない。週7日、1日24時間、家庭で、コミュニティーで、学校で続いていく。みんなが同じものを求めているからだ。私たちはみんな、子どもたちに自立した、幸せな、社会に貢献できる人になってほしい。だから彼らの準備に、それぞれが役割を担うのだ。

私はあらゆる人種、ジェンダー、政党の人たちと一緒の席についた。プライベート・ジェットでやってくる人もいれば、市バスに乗ってくる人もいた。大きな組合、大学、企業を経営している人もいれば、常に人の下で働いてきた人もいた。母親、父親、祖父母、おば、姉妹、兄弟もいた。

すると、全員に一貫していることがふたつあった。

全員が、いまいる場所に辿り着くまでのストーリーをもっていること。そして全員が、愛する子どもたちにはもっといいことがあると期待していることだ。

そこで私が不思議に思うのは、ギャラップの2018年の調査結果だ。アメリカ人の教育に関する認識の年次レポートの見出しは「保護者10人のうち7人は子どもの教育に満足」(1)だった。

となると、私は残りの30パーセントの人たちだけと、話をしていたのだろうか？　保護者の70パーセントが、本当に満足しているのだろうか？

同じ調査で、アメリカのK－12（幼稚園から高校卒業まで）の全般的な教育の質に満足しているると答えたのは約43パーセントにとどまっていることから察すると、そんなことはなさそうだ。

どうやら私たちは個人的な体験と、教育全般に関する印象をわけているらしい。その潜在的な理由は、私たちが落ち着いているからではないかと思う。

だが、どうして？

自分の子どもの将来のことなのに？

そしてオスカーの母親のことを、その表情を思い出した。部屋に閉じこもったわが子に対しなすすべもなく、どうしていいのかわからなかった。あとになって聞いたのだが、息子がいつかは出てくるだろうと思っていたそうだ。そうすればもと通りの生活に戻って、大丈夫だろうと。

「大丈夫」では「大丈夫じゃない」

「大丈夫」というのは私が保護者と子どもについて話しているとき、よく聞く言葉だ。「娘は大丈夫」「息子は大丈夫」

その前には決まって心配なことや問題なこと、どこかが間違っている話がくる。心配ごとには深刻なもの（ドラッグやいじめ、鬱《うつ》、落第）も、そうでもないもの（退屈やストレス、少しの勉強の遅れ）もある。で、それを受けて「娘は大丈夫」というとき、次のような言葉とセットになっていることが多い。

「人生ってそういうものだし、子どもは生きていくことを学ばないと。私も大変な目に遭《あ》ったけど、切り抜けてきた。大丈夫だった」

私たちが「大丈夫」よりも、もっと多くを求めたらどうだろう？

「満足」という言葉は、子どもが大丈夫でいるだけではなく、日々をすばらしいと思え、幸せでいることだとしたら？

それも小さい子どもがキャンディーやおもちゃで得られるような幸せではない。すばらしいというのが、充実しているということだとしたら？　目的のある仕事やコミュニティーに携わり、有意義な人間関係を築けたら？

ディナーの場で、学びがどういうふうであるべきかのビジョンを描いたあと、魔法使いの杖の質問をする。

「魔法の杖を振り、いま描いた学びは子どもたちにとって本物になりました。成功したんです！　私たちの国はどんなふうになりますか？　**世界は？**」

会話が活気づくのには、たいてい少し時間がかかる。考える時間があるからだ。最初に発言する人はためらいがちだったり、何人かが話してから、発言に勢いがついてきたりすることもある。子どもたち全員が、この本に書かれているような教育を受け、充実した人生を送る準備ができた状態で大人になれたとしたら、どんな世の中になるだろう？

「そういう世界に住んでみたい」

「貧困はなくなります。飢えたり、ホームレスになったりする人はいなくなると思います」

「みんなで協力して、この国や地球上の一番大きな問題の解決に取り組むでしょう」

「人は自信をもって自分の人生を生き、コミュニティーに貢献して変化を起こせるのだと実感できるわ」

「自分と違う人たち、違う価値観を持つ人たちと対話し、一緒に仕事をすることができる。誰もがありのままの自分、個性をそのまま受け入れられる世の中になる」

「みんな自分のしていることが好きで、幸せになる。意味のある仕事と十分なお金があるので、ストレスから開放される」

会話はどんどん盛り上がり、大胆な発言も飛び出す。「戦争はもうなくなる」や「学校の襲撃事件で子どもを失うことがなくなる」など。

場は静まり、みんな楽観的な考えに浸《ひた》る。だがやがて、現実に引き戻される。いったい自分たちを何様だと思っているんだろう？　世界平和をもたらせると想像するだなんて。

確かにそういうふうに言葉にすると、すこし及び腰になる。そこで会話のスタート地点を思い出す。

子どもたちだ。

実世界の、自己主導性、省察、協力を重んじる学びを、子どもたちに。基本的な読み書き以上のことを、子どもたち全員に準備できると信じている大人たちから、すべては始まった。生命、自由、幸福の追求という基本的な人権を受け入れるところから始まった。幸福、そしていい人生、充実した人生を追求できるようになることは、すべての子どもたちに必要なのだ。

それなのにいま、充実した人生へのドアは、あまりに多くの人に対して閉ざされている。**閉ざされたドアにねじ回しを、と言いたい。**

巻末
まとめ

いますぐ家庭でできる「サミット・メソッド」

私たちが開設したウェブサイトpreparedforsuccess.orgは、卒業後の世界のために、子どもに準備を整えさせたい保護者のサポート用につくったものだ。

実世界の学びを日常生活に応用し、どんな年齢の子どもに対しても、自己主導性、協力、省察のスキルを開発できる。悪い意味での教育ママ、過保護な親、あるいは無関心すぎる親になりたくない人たちのためのリソースだ。幸せで充実した人生を子どもに望む保護者たちのコミュニティーでもある。あなたの子育ての旅に、このウェブサイトが役立つことを願っている。

私たちは、サミットと同じ手法をここでも用いている。徹底した科学的調査から始め、仕事を持つ母親として、ほとんどの保護者が直面している事実上の制約も加味した。サミットと同じように、これもまた根気よく進化させていくものだ。最新の情報や、具体的な提案を参照できるようにしている。

付録として、本書の内容から日常生活で家族とできるアクティビティを抜き出した

（それぞれの章でより詳しい情報を確認してもらえるようになっている）。サミットに通わなくても、家庭で子どもが「成功の準備を整える」ヒントとして活用していただければ幸いである。

実世界とプロジェクト・ベースの学び（第4章）

▼子どもの意見と参加を促す機会を見つける

保護者の多くは、家で宿題をさせたり見てあげるのが自分の仕事だと思っているが、子どもの学びのためにできることは他にも無数にある。

学校への通学手段の選択肢を検討する、車が不穏な音を立てている原因を突き止める、どの洗浄製品が子どもやペットに安全で健康的かを調べる、などのプロジェクトを子どもに任せてもいい。私たちが子どもにこうしたことをさせないのは、そのほうが楽で早いからと、たぶん関心がないだろうと決めつけているからだ。だがジェームズが農場助成金のスピーチを練習していたときに言っていたことを思い出そう。

「若いからといって、ぼくたちがものごとを気にしていない、ということはありません」

自主的な方向決定（第5章）

▼自己主導性サイクルを日常生活に採り入れる

学校で自己主導性サイクルを教えていないからといって、家庭で教えられないということはない。ゴールを設定し、計画を立て、計画を実行し、学んだことを示し、省察すればいい。このサイクルは、子どもがやりたいどんなことにでも活用できる。週に1度夕食をつくる、次に週末の家族のアクティビティを考えるなど。

▼自己主導性を鍛える5つのパワー行動を教える

自己主導性サイクルを支えるのは以下に挙げる5つの行動だ。

1　戦略変更
2　課題探し
3　粘り強さ
4　妨げへの対応
5　適切な助言要請

こうした考え方は、すでに子どもに教えているものではあるだろう。だが共通の言語と枠組の中で考えるのが便利なこともある。子どもがいずれかに当てはまる行動をとったときにそれを伝え、他の人についても同じようにするよう教えてもいい。

▼効果的なゴール設定を強調する

これは始めるのが早ければ早いほどいい。子どもたちはみんな、ゴールを設定することができる。このプロセスは学校生活や大人になってからも、重要なものだ。〝SMARTゴール〟を教えよう。

具体的な（Specific）、測定可能な（Measurable）、実現可能な（Actionable）、現実的な（Realistic）、期限を示した（Timebound）ゴールだ。

設定したゴールは、子ども本人にとって大切なものであるべきだ。そうすると外的ではなく、内的な動機が発生する。野心的でスケールの大きなゴールを設定するのもいいが（そして達成する方法を考える練習をする）、小さな、よりシンプルなゴールも設定するべきだ――幼いうちは、とくにこれが大切となる。ゴールを達成するための計画、障壁となり得るもの、それにどう対応するかを一緒に話そう。その後もときどき様子を見て、手助けを申し出ること。

親が自分自身についての効果的なゴール設定を行い、見本を見せてあげるのもよい。そのゴールがどうしてSMARTゴールの基準を満たしているのか、説明する。そして子どもにも、同じことをするよう促す。

▼スキルを身につけるのは、でこぼこ道だと思い出す

がっかりしないこと。失敗もプロセスの一部だ。石切の引用文（P298）を思い出そう。101回目に石が割れたなら、それはその前に100回たたいたからだ。ときに、効果が現れるまでには、長い時間がかかる。

▼「子どもに求められたい」という自分の気持ちを抑え、冷静になる

寂しい気持ちに浸ろう。ゆっくりと手を離していくプロセスは、子どもの準備に必要なことだ。別の需要に応えるようにしよう。

メンタリングを通じた省察（第6章）

▼メンタリングを行う。指図はしないこと

レットが料理を始めたときに、私が手を出さないようにしたように、一歩下がろう。フィードバックを与え、アドバイスはするが、答えは教えない。子ども自身が何を求めて

いるのか、自分は何者なのか、何が好きなのか、何を感じているのか、結果として何をすべきなのかを本人が考えられるような質問をする。

▼〝ｉｎｇｓ〟に集中する

「将来何になりたい？」と質問する代わりに、根本的な興味を引き出すような質問をしよう。たとえば「何をしているときが、好き？」「その中でとくにどの部分が好きなの」など。つくっているとき、話しているとき、発表しているとき、問題を解いているときなど、子ども自身に自分が好きなことを考えさせよう。こうした〝ｉｎｇｓ〟は自分を理解することにつながる。

▼適切な質問をする

子どもに対人関係の行き違いがあったときには、それはスキルを教える機会だと捉えよう。対立を仲裁する、関係を修復する、協力する、省察する、などのスキルだ。サミットのメンターの使っている次の質問は、よく考えた答えを引き出せることが多い。

この状況で、何を求めているのか？

どう感じているか？
どういう態度をとっているか？
何がうまくいっていて、何がうまくいっていないのか？　理由は？
相手の立場になって考えるとどうか？　どう感じていると思うか？
求める結果を出すために、何ができるか？
関係を正すために、やらなければならないことはないか？

子どもとの会話の中で自然に訊くだけでもいいが、場合によっては書面で質問してもいい。子どもは保護者やメンター、教師のサポートとアドバイスを受けて成長する。

協力（第7章）

▼コンセンサスの原則を教える
サミットで使っている非常に便利なツールは、決定グリッドと〝ＳＴＰ〟だ。決定グリッドに関しては、目指すゴールは意見の一致だが、なかには決定権、あるいは拒否権のある決定事項もあると、子どもに伝える（Ｐ１７４の決定グリッドを参照）。このグリッドは、どの映画を観るか、合理的な門限は何時かなど、家庭でも有効に使える。

ＳＴＰは、家族で何かに行き詰まったときに利用できる。まずは問題を質問に変える。次に対話をして、それぞれがどう感じているのか、批判はせずに状況を明確にする。そしてターゲットを定義する――これは解決できたときに、チェックをつける項目だ。最後に、決定グリッドに沿って、そこに辿り着くための提案を考える。

うまくいく習慣（第８章）

▼どうしてと訊き、さらにどうしてと訊く

寝る時間や宿題に関してなど、子どもと言い合いになったときには、好奇心をもって対応しよう。私がこのスタイルを採用したのは、レットが宿題をまったくしなかったときだった。そして彼が何を考えていたか、そして何を求められていたのかを理解できた。

あなた自身についても、「どうして？」と質問してみよう。どうしてあなたにとって、特定のやり方が大切なのだろうか？　私たちは「そういうものだから」という理由で行動しがちだが、「どうして？」と質問することで、おかしいと気づくことは多い。サポートの機会にもつながるかもしれない。

好奇心主導の知識（第９章）

▼触れて、探って、追い求めることを豊かな活動のツールにする

サミットのアダム・カーターは、「触れて、探って、追い求める」フレームワークをつくり、目的のつくり方を専門にしている研究者たちとテストを行った。学校でも家庭でも活用できるもので、放課後や週末を子どもや家族とどう時間を過ごすか決めるのに最適だ。

アクティビティには予算やロジスティックな制限があると理解しつつ、子どもを新しい場所や体験に触れさせることで、彼らにとっては深く関わりうる世界が広がる。すると、その活動で学んだことを、他の場で活用もできるようになる。すべての活動が長続きするわけではないが、それは構わない。ただ何かがその子の好奇心に火をつけたら、探求するのを手伝おう。そして本物の興味に変わったら、さらに追求できるよう扉を開いてあげる。

また、スケジュールを詰め込みすぎるのは、避けたほうがいい。予定の入っていない時間に、新たな興味の対象に触れ、探り、追求することができるからだ。ブロディのジェットコースターに対する情熱を思い出そう。保護者はつい「生産的」な活動を勧めたくなるが、本当に興味のあることを追求することで、子どもは自分自身について、そして自分の目的意識を理解する。

▼一緒に知識を得る

テクノロジーをすべて却下せずに、子どもと一緒にインターネットを探索しよう。特定のことをどうして知っておいたほうがいいのか、一緒につながりを確認する。単に「一生懸命覚えなさい」と言うのではなく、どうしてそれが大切なのかを理解させること。

確実な次のステップ（第11章）

▼大学探しの考え方を変える

大学を探すときには、アメリカン・フットボールのチームや親しみやすさを基準にするのではなく、以下を確認するようアドバイスする。

- 自分自身に対する知識にもとづき、大人としての人生に向けてつくったビジョンに沿っていること
- 目的があり、現実的であること
- 多数の現実的な選択肢から、十分な情報にもとづいて選んだものか
- 家族やコミュニティーからサポートされているか

▼プランBの考え方を勧める

たとえ第1志望の大学に入り、やりたかったことを追求することになったとしても、他の選択肢を必ず検討する。そうすることで、将来に対してより柔軟性のある考え方をもつことができる。自分が何者なのか、現時点で妥協のない道は何か、といったことに根ざした考え方だ。

preparedforsuccess.orgに掲載されているアクティビティやツール、資料が、あなたにとって信頼できるリソースとなり、子育てや学び、学校の活動を進めていくうえで役立つことを願っている。

準備のできた（Prepared）保護者の輪に、ぜひ参加してほしい。

訳者あとがき

ビル・ゲイツは年末に、その年に読んだお薦めの本を自身のブログで紹介しています。２０１９年、彼が選んだ5冊のうち1冊が本書『Prepared』でした。著者のダイアン・タヴァナーはまったく新しい学校「サミット・スクール」を２００３年に立ち上げ、その過程や取り組みを本書でつまびらかにしています。この学校で目指しているのは、すべての子どもたちが大学に進学する実力をつけ、さらには充実したいい人生を送る準備ができた状態で卒業していくことです。

実際にサミット・スクールを見学したゲイツは、こう語っています。

「本当に驚いた。これまでに、見たことのない学校だったからだ。自分のペースで独自に学習している子もいれば、グループでプロジェクトに取り組んでいる子たちもいる。教師はクラスの前に立って授業を行うのではなく、1対1で子どもを指導するコーチのようだった。そして全員が、熱心に取り組んでいた」

「サミットのすばらしいところは、成功のビジョンが壮大で、読み書きや数学といったスキルを子どもに身につけさせるだけにとどまらないことだ。もちろんこうしたものは重要だが、人生を通じて役に立つ大切なスキルは他にもある。自信をもつ、学ぶ能力を身につける、時間管理を行う、人生で何をしていきたいのかを判断する感覚を養うなど。サミット・スクールに通える子どもは、ラッキーだと思う」

本書では、実際の授業の様子や、生き生きとした子どもたちの姿を垣間見ることができます。

例えば「自主学習」の時間では、教師の指導のもと、それぞれが2分でその1時間の目標を設定し、2分で計画を立て、実際の作業を行い、授業の終わりに振り返りを行う様子が出てきます。ここでの目標はSMART（具体的な、測定可能な、実現可能な、現実的な、期限を示した）ゴールで、日本でもボーク重子氏（全米最優秀女子校生の母親）が著書などで広く紹介しているものです。また振り返りも生徒が自主的な学習者になるための「5つのパワー行動（戦略変更、課題探し、粘り強さ、妨げへの対応、適切な助言申請）」に照らし合わせて行われます。

同校が採り入れているメンター制度や問題解決型学習（PBL）、自己主導性サイクルについても、導入の経緯から運用や効果までがわかりやすく書かれているほか、問題解決に向けての質問のしかたなど、参考にできそうなスキルも豊富に紹介されています。

もっともサミット・スクールは、最初から好意的に受け止められていたわけではありません。あらゆる子どもを受け入れ、ひとりも取り残すことなく全員を成功に導く学校をつくるなんて無理だと言われ、タヴァナーは「ザ・クレージー・レディー」と呼ばれていました。それでも「できることを証明してみせる」と彼女は専門家たちに教えを請い、子どもたちのために一番いいやり方を追求していきます。学校を立ち上げてからもさまざまな困難に直面しますが、その一つひとつにタヴァナーと教師たちは向き合ってきました。

こうした積み重ねは、結果となって現れました。現在までにサミットの卒業生のほぼ全員が4年制大学への入学許可を手にし、全国平均の2倍の大学卒業率を記録しています。また国内有数の公立高校との評価を得て、優秀な学校として賞を受けたり、ランキングで上位に登場したりしています。

入学希望者も増えたため、学校の数を増やし、さらにはカリキュラムやサポートなどを全国の学校に無料で提供するプログラムも開発しました。この「サミット・ラーニング・プログラム」は40州、約400校で採用されています。それでもまだ「動きが遅すぎる」「十分とはいえない」とタヴァナーは言います。

もっと多くの子どもたちに成功への扉を開きたい、という思いで書かれたのが本書です。ここにはタヴァナー自身の大変だった子ども時代や挫折を感じた新任教師時代の経験、息子レットの子育ての悩みなどの個人的なエピソードも織り込まれています。

サミットについて彼女は「自分が通いたかったと思う学校か?」「自分がここで教えたいと思う学校か?」「自分の子どもを通わせたいと思う学校か?」を毎日、自らに問いかけていると言います。私自身、本書を読んで「こんな学校に通ってみたかった」と感じました。同時に、自分が受けた教育の恵まれていた側面も再認識することができました。

たとえばサミットでは、設立当初から教師や子どもたちの多様性が意識されています。私も複数国の学校に通い、さまざまなバックグラウンドをもつ教師や子どもたちと接する機会があったため、「自分とは違うタイプの人たちと友情を育み、関係を築いたことがとてもよかった」というサミットの卒業生たちの言葉に深い共感を覚えました。

多様性に富んだ教師や保護者、子どもたちが登場し、「子どもを育て、教育するためのすばらしいガイドブック」とビル・ゲイツが称賛する本書は、きっと日本の読者にも多くの気づきをもたらしてくれることでしょう。

最後になりましたが、本書の翻訳に際し、飛鳥新社の矢島和郎氏には数々の有益なアドバイスをいただきました。心より感謝申し上げます。

参考文献

第 1 章

1. Jennifer E. Lansford, PhD, et al., "A Public Health Perspective on School Dropout and Adult Outcomes: A Prospective Study of Risk and Protective Factors from Age 5 to 27," Journal of Adoles- cent Health 58, no. 6 (June 2016): 652?58, https://doi.org/10.1016/j.jadohealth.2016.01.014.
2. D. A. Laird, and E. C. Laird, Sizing Up People: How to judge and analyze personality, intelligence, and abilities in others for greater per- sonal happiness and business success for yourself (New York, NY: McGraw-Hill Education, 1964), 46.3.
   Photograph courtesy of Columbia University Athletics.
3. Avil Beckford, "The Skills You Need to Succeed in 2020," Forbes, August 6, 2018, https://www.forbes.com/sites/ellevate/2018/08/06/the-skills-you-need-to-succeed-in-2020/#48e6d098288a.
4. Gwendolyn Mink and Alice O'Connor, eds., Poverty in the United States: An Encyclopedia of History, Politics, and Policy, vol. 1 (Santa Barbara, CA: ABC-CLIO, 2004), 41.

第 4 章

1. Katherine Ellison and Louis Freedberg, "Project-Based Learning on the Rise Under the Common Core," EdSource, April 27, 2015, https://edsource.org/2015/project-based-learning-on-the-rise-under-the-common-core/78851.
2. W. R. Penuel and B. Means, "Designing a Performance Assessment to Measure Students' Communication Skills in Multimedia-Supported Project-Based Learning (paper presented at the Annual Meeting of the American Educational Research Association, New Orleans, LA, 2000); also see William J. Stepien, Shelagh A. Gallagher, and David Workman, "Problem-Based Learning for Traditional and Interdisciplinary Classrooms," Journal for the Education of the Gifted 16, no. 4 (June 1, 1993): 338?57,https://doi.org/10.1177/016235329301600402.
3. W. Parker et al., "Rethinking Advanced High School Coursework: Tackling the Depth/Breadth Tension in the AP U.S. Government and Politics Course," Journal of Curriculum Studies 43, no. 4 (2011): 533?59, https://doi.org/10.1080/00220272.2011 .584561.
4. U.S. Department of Education, Regional Educational Laboratory at WestEd, Effects of Problem Based Economics on High School Economics Instruction, by Neal Finkelstein et al., NCEE 2010-4002 (Washington, D.C., July 2010), https://ies.ed.gov/ncee/edlabs/regions/west/pdf/REL_20104012.pdf.
5. Gulbahar Beckett and Paul Chamness Miller, eds., Project-Based Second and Foreign Language Education: Past, Present, and Future (Greenwich, CT: Information Age Publishing, 2006); C. Horan, C. Lavaroni, and P. Beldon, Observation of the Tinker Tech Program Students for Critical Thinking and Social Participation Behaviors (Novato,

CA: Buck Institute for Education, 1996); John Mergendoller, Nan Maxwell, and Yolanda Bellisimo, "The Effectiveness of Problem-Based Instruction: A Comparative Study of Instructional Methods and Student Characteristics," Interdisciplinary Journal of Problem-Based Learning 1, no. 2 (2006): 49?69, https://doi.org/10.7771/1541-5015.1026; R. Tretten and P. Zachariou, Learning About Project-Based Learning: Assessment of Project-Based Learning in Tinkertech Schools (San Rafael, CA: The Autodesk Foundation, 1995). John Thomas, A Review of Research on Project-Based Learning (report prepared for The Autodesk Foundation, March 2000), retrieved from http://www.bobpearlman.org/BestPractices/PBL_Research.pdf; Andrew Walker and Heather Leary, "A Problem-Based Learning Meta Analysis: Differences Across Problem Types, Implementation Types, Disciplines, and Assessment Levels," Interdisciplinary Journal of Problem-Based Learning 3, no. 1 (2009): 12?43, https://doi.org/10.7771/1541 -5015.1061.

6. Jo Boaler, "Learning from Teaching: Exploring the Relationship Between Reform Curriculum and Equity," Journal for Research in Mathematics Education 33, no. 4 (July 2002): 239?58; Penuel and Means, "Designing a Performance Assessment to Measure Students'Communication Skills."
7. West Virginia Department of Education, Division of Teaching and Learning, Office of Research, Extended Professional Development in Project-Based Learning, by Nate Hixson, Jason Ravitz, and Andy Whisman (Charleston, WV, September 2012), https://files.eric.ed.gov/fulltext/ED565466.pdf; Johannes Strobel and Angela van Barneveld, "When Is PBL More Effective? A Meta-synthesis of Meta-analyses Comparing PBL to Conventional Classrooms," Interdisciplinary Journal of Problem-Based Learning 3, no. 1 (March 2009): 44?58, https://doi.org/10.7771/1541 -5015.1046.
8. PBL Works, "Research Brief: PBL Helps Students Become Better Decision Makers," Buck Institute for Education, accessed February 23, 2019, http://www.bie.org/blog/research_brief _pbl_helps_students_become_better_decision_makers; Xin Zhang, et al., "Improving Children's Competence as Decision Makers: Contrasting Effects of Collaborative Interaction and Direct Instruction," American Educational Research Journal 53, no. 1 (February 2016): 194?223, https://doi.org/10.3102/ 0002831215618663.

第５章

1. Carol Dweck, Mindset: The New Psychology of Success (New York, NY: Random House, 2007).『マインドセット「やればできる！」の研究』キャロル・S・ドゥエック著、今西康子訳、草思社

第７章

1. Erik Larson, "New Research: Diversity + Inclusion = Better Decision Making at Work," Forbes, September 21, 2017, https://www.forbes.com/sites/eriklarson/2017/09/21/new-research -diversity-inclusion-better-decision-making-at-work/#4eac27ac4cbf.

第 8 章

1. https://www.turnaroundusa.org/.

第 9 章

1. David Duran, "Learning-by-Teaching. Evidence and Implications as a Pedagogical Mechanism," Innovations in Education and Teaching International 54, no. 5 (February 2016): 476?84, https://doi.org/10.1080/14703297.2016.1156011.
2. Donna Recht and Lauren Leslie, "Effect of Prior Knowledge on Good and Poor Readers' Memory of Text," Journal of Educational Psychology 80, no. 1 (March 1988): 16?20. Further resources with similar findings include: D. Schwartz, J. M. Tsang, and K.P. Blair, The ABCs of How We Learn: 26 Scientifically Proven Approaches, How They Work and When to Use Them (New York: W. W. Norton & Company, 2016); Peter Brown, Henry Roediger, and Mark McDaniel, Make It Stick: The Science of Successful Learning (Cambridge, MA: Belknap Press, 2014).
3. Sarah J. Priebe, Janice M. Keenan, and Amanda C. Miller, "How Prior Knowledge Affects Word Identification and Comprehension,"Reading and Writing 25, no. 1 (January 2012): 131?49, https://link.springer.com/article/10.1007%2Fs11145-010-9260-0; John Bransford and Marcia Johnson, "Contextual Prerequisites for Understanding: Some Investigations of Comprehension and Recall," Journal of Verbal Learning & Verbal Behavior 11, no. 6 (December 1972): 717?26; Danielle McNamara and Walter Kintsch, "Learning from Texts: Effects of Prior Knowledge and Text Coherence,"Discourse Processes 22, no. 3 (1996): 247?82; Katherine A. Rawson and James P. Van Overschelde, "How Does Knowledge Promote Memory? The Distinctiveness Theory of Skilled Memory," Journal of Memory and Language 58, no. 3 (2008): 646?68; Recht and Leslie, "Effect of Prior Knowledge on Good and Poor Readers' Memory of Text"; George Spilich et al., "Text Processing of Domain-Related Information for Individuals with High and Low Domain Knowledge," Journal of Verbal Learning & Verbal Behavior 18, no. 3 (June 1979): 275?90.
4. Anya Kamenetz, "Forget Screen Time Rules?Lean In to Parenting Your Wired Child, Author Says," NPR.org, January 15, 2019, https://www.npr.org/2019/01/15/679304393/forget-screen-time-rules-lean-in-to-parenting-your-wired-child.
5. American Academy of Pediatrics, "American Academy of Pediatrics Announces New Recommendations for Children's Media Use," October 21, 2016, https://www.aap.org/en-us/about-the-aap/aap-press-room/Pages/American-Academy-of-Pediatrics-Announces-New-Recommendations-for-Childrens-Media-Use.aspx.

第11章

1. Benjamin L. Castleman, Lindsay C. Page, and Ashley L. Snowdon, "SDP Summer Melt Handbook: A Guide to Investigating and Responding to Summer Melt," Strategic Data Project, Center for Education Policy Research, Harvard University, 2013, https://sdp.cepr.harvard.edu/files/cepr-sdp/files/sdp-summer-melt-handbook. pdf.
2. Kate Stringer, " 'Summer Melt': Why Are Hundreds of Thousands of Freshmen Dropping Out of College Before Day One?"The 74, September 5, 2016, https://www.the74million.org/article/summer-melt-why-are-hundreds-of-thousands-of-freshmen-dropping-out-of-college-before-day-one/.
3. National Center for Education Statistics, Digest of Education Statistics, "Table 326.20: Graduation Rate from First Institution Attended Within 150 Percent of Normal Time for First-Time, Full-Time Degree/Certificate-Seeking Students at 2-Year Postsecondary Institutions, by Race/Ethnicity, Sex, and Control of Institution: Selected Cohort Entry Years, 2000 Through 2014," accessed February 24, 2019, https://nces.ed.gov/programs/digest/d18/tables/dt18_326.20.asp.
4. Anthony P. Carnevale, Ban Cheah, and Andrew R. Hanson, "The Economic Value of College Majors, Executive Summary," Georgetown University Center on Education and the Workforce, 2015, https://cew.georgetown.edu/wp-content/uploads/Exec-Summary-web-B.pdf, 5.
5. Sharon Noguchi, "Report: Only 30% of Ninth-Graders Will Graduate from College," San Jose Mercury News, November 27, 2017, https://www.mercurynews.com/2017/11/27/report-only-30-of-ninth-graders-will-gradate-from-college/.
6. National Center for Education Statistics, Digest of Education Statistics, "Average Total Tuition, Fees, Room and Board Rates Charged for Full-Time Undergraduate Students in Degree-Granting Institutions, by Level and Control of Institution: Selected Years, 1984?85 to 2015?16,"accessed February 24, 2019, https://nces.ed.gov/fastfacts/display.asp?id=76.
7. Abigail Hess, "This Is the Age Most Americans Pay Off Their Student Loans," CNBC, July 3, 2017, https://www.cnbc.com/2017/07/03/this-is-the-age-most-americans-pay-off-their-student-loans.html.

エピローグ

1. Megan Brenan, "Seven in 10 Parents Satisfied with Their Child's Education," Gallup, August 27, 2018, https://news.gallup.com/poll/241652/seven-parents-satisfied-child-education.aspx 11

ダイアン・タヴァナー
Diane Tavenner

非営利組織「サミット・パブリック・スクール」の共同創業者兼CEO。同組織はカリフォルニア州とワシントン州で15校のミドルスクール、ハイスクールを運営、従来型の教育とは大きく異なり、「実世界の体験」「自己主導性」「協力」「省察」など、大学や職場で成功するための「生きるスキル」を中心にした革新的なスクールモデルを構築。全米の話題をさらい、「最もやりがいのある高校」(ワシントン・ポスト紙)、「教育の分野で、世界で最も革新的な会社トップ10」(ビジネス誌「ファスト・カンパニー」)など、多くの賞賛や賞を受けている。

著者は南カリフォルニア大学で心理学、社会学の学士号を取得、スタンフォード大学で修士号を取得。サミット創業前には10年間公立学校の教師、学校経営者をつとめたが、理想の教育を実現するため自ら学校をつくることを決意、ゼロから立ち上げて成功させる。カーネギー教育振興財団の理事会メンバーであり、ビル・ゲイツとカンファレンスに登壇するなど、サミットの継続的な発展をはかるとともに教育の向上に貢献している。

稲垣みどり

翻訳者。上智大学文学部英文学科卒。主な訳書に、『世界最高の学級経営』(東洋館出版社)、『最強のポジティブチーム』(日経BP)、『BIG NINE 巨大ハイテク企業とAIが支配する人類の未来』(光文社)など。

PREPARED
What Kids Need for a Fullfilled Life

by Diane Tavenner

成功する「準備」が整う
世界最高の教室

2020年4月7日　第1刷発行

著　者　　ダイアン・タヴァナー
訳　者　　稲垣みどり

発行者　　土井尚道
発行所　　株式会社 飛鳥新社
〒101-0003
東京都千代田区一ツ橋2-4-3　光文恒産ビル
電話　（営業）03-3263-7770（編集）03-3263-7773
http://www.asukashinsha.co.jp
ブックデザイン　小口翔平＋岩永香穂＋加瀬梓（tobufune）
帯写真　Christophe Testi
印刷・製本　中央精版印刷株式会社

ISBN 978-4-86410-756-3

編集担当　矢島和郎